Schriften des

NIKOLAUS VON KUES

in deutscher Übersetzung

Im Auftrag der
Heidelberger Akademie der Wissenschaften
herausgegeben von

ERNST HOFFMANN † · PAUL WILPERT †
und KARL BORMANN

Heft 16
Lateinisch-deutsche Parallelausgabe

NICOLAI DE CUSA

Compendium

Ediderunt
BRUNO DECKER †
et
CAROLUS BORMANN

IN AEDIBUS FELICIS MEINER
HAMBURGI

NIKOLAUS VON KUES

Kompendium

(Kurze Darstellung der philosophisch-theologischen Lehren)

Übersetzt und mit Einleitung und Anmerkungen
herausgegeben von

BRUNO DECKER †

und

KARL BORMANN

Lateinisch-deutsch

FELIX MEINER VERLAG
HAMBURG

PHILOSOPHISCHE BIBLIOTHEK BAND 267

INHALT

Das Compendium des Nikolaus von Kues ist — abgesehen von den vier Druckausgaben (Straßburg 1488 II t 6^r—v 5^v = Nachdruck Berlin 1967 p. 443—454; Mailand 1502 f. 321^r—329^v; Paris 1514 I f. 169^r—174^r; Basel 1565 p. 239—249) — nur in zwei Handschriften vollständig überliefert: einmal im Codex 219 der Bibliothek des Hospitals zu Kues (f. 163^r—169^v), der zusammen mit Codex 218 derselben Bibliothek die von Nikolaus selbst veranlaßte Abschrift seiner Werke enthält; sodann im Codex 166 der Bibliothek des Domgymnasiums zu Magdeburg (f. 510^r— 515^v; 517^r—521^v), der sich jetzt in der Deutschen Staatsbibliothek Berlin befindet. Das achte Kapitel des Compendiums ist zudem in Codex 960 f. 189^v der Turmbibliothek St. Andreas zu Eisleben zu finden. Bezüglich des Verhältnisses der Handschriften zueinander sei auf die kritische Ausgabe (Nicolai de Cusa opera omnia iussu et auctoritate Academiae litterarum Heidelbergensis ad codicum fidem edita vol. XI 3 p. XI ff.) verwiesen.

Wann Nikolaus von Kues das Compendium verfaßt hat, läßt sich nicht genau ermitteln. Einen Anhaltspunkt für den Terminus a quo bietet Kapitel 12 n. 37 „ut in libello De globo patet". Die hier genannte Schrift De ludo globi wurde wahrscheinlich 1463 geschrieben. Hinzu kommt, daß Gott im Compendium vorzugsweise als „posse" bezeichnet wird (vgl. Kap. 10 n. 29 ff. und Epilog n. 45 ff.). Dieser Gottesname erscheint in der im Frühsommer 1464 verfaßten Schrift De apice theoriae als letzte Formulierung des Nikolaus (vgl. Anm. 4 zu Kapitel 10). Das Compendium wurde also nach De ludo globi, möglicherweise nach De apice theoriae, vielleicht sogar im Todesjahr des Kardinals (1464) geschrieben.

Wer der Empfänger des Compendiums war, ist nicht mit Sicherheit festzustellen. I. A. Fabricius (Bibliotheca latina mediae et infimae aetatis, Florentiae 1858 vol. I p. 405) und ihm folgend J. Uebinger (Die philosophischen Schriften des Nikolaus Cusanus, Zeitschrift für Philosophie und philoso-

phische Kritik 107, 1896, S. 98) brachten den jungen Herzog
Albert von Bayern als Adressaten in Vorschlag, der in De
ludo globi II als Gesprächspartner des Kardinals auftritt.
Fr. A. Scharpff (Der Cardinal und Bischof Nicolaus von
Cusa als Reformator in Kirche, Reich und Philosophie des
fünfzehnten Jahrhunderts, Tübingen 1871, unveränderter
Nachdruck Minerva, Frankfurt 1966, S. 217) dagegen ver-
mutete, der nicht namentlich genannte Empfänger sei der
Sekretär des Kardinals, Peter Wimmer von Erkelenz, der
wohl 1449 in dessen Dienste getreten war und erst 1464 die
Priesterweihe empfing. G. von Bredow (Mitteilungen und
Forschungsbeiträge der Cusanus-Gesellschaft 4, 1964, S. 383)
glaubt, als Empfänger komme Wolfgang von Bayern, der
jüngere Bruder des oben genannten Herzogs Albert von
Bayern, in Frage. Indessen dürfte es kaum glaubhaft sein,
daß Nikolaus den Sohn eines Reichsfürsten, welchen er
politisch immer wieder nötig hatte, als einfachen Menschen
oder einfaches Gemüt („cum sis simplex", Kap. 9 n. 25) bezeichnet. Am besten scheinen die Worte „cum sis simplex"
auf Peter Wimmer von Erkelenz zu passen. Vielleicht kann
diese Vermutung gestützt werden durch die wiederholten
Hinweise auf Schreiben und Schreibkunst, die sich im Compendium finden.

Das Werk ist übersichtlich gegliedert:
I. Die Theorie der Symbole (n. 1—28)
II. Das primum principium (n. 29—38)
    (Was kann eine terministische Wissenschaft über Gott
    aussagen?)
III. Die psychologische Grundlage der Theorie (n. 39—43)
IV. Conclusio und Epilog (n. 44—47).
Die Erörterung der Symbole hat folgenden Aufbau: Bereits
im ersten Kapitel wird die erkenntniskritische Grundlegung
der Lehre von den Zeichen gegeben. Der „visus mentalis"
erkennt nur, daß es extramentale Dinge gibt; was sie sind,
bleibt auch ihm verborgen. Die Erkenntnis (cognitio, scientia) hat es nur mit den Zeichen des Seins zu tun. Die
Zeichen sind (nach Kap. 2) entweder natürliche (z. B. Farb-
oder Lautvorstellungen) oder vom Menschen gesetzte (z. B.

Sprach- oder Schriftzeichen). Von den letzteren ist in Kap. 3 die Rede. Die Kapitel 4 und 5 behandeln die natürlichen Zeichen in der Sinneswahrnehmung, während Kap. 6 sich den Vernunftzeichen im Bereich der Metaphysik, Ethik und Technik zuwendet. Die höchste Manifestation des Geistes ist das ungeschaffene Verbum, dessen Offenbarung der Kosmos ist (Kap. 7). Das erste Zeichen und Bild des Schöpfers ist der menschliche Geist, der als Kosmograph Gottes Schöpfertätigkeit nachahmt (Kap. 8). Im neunten Kapitel wird das Kunstschaffen als Nachahmung der Natur gewürdigt.

Das primum principium, welches Thema des zweiten Teiles ist, ist der dreieinige Gott, der als posse, aequale und unum Urgrund von allem ist. Das innertrinitarische aequale veranlaßt Nikolaus, die aequalitas als Objekt und Voraussetzung jeder Erkenntnis nachzuweisen (Kap. 10). Im 11. Kapitel wendet Nikolaus den similitudo-Begriff des vorhergehenden Kapitels besonders auf die „anima sensitiva" an, die er als similitudo intelligentiae auffaßt. Im 12. Kapitel greift er auf die aequalitas zurück, die er in Fläche, Linie und Zahl erblickt und als Grundbedingung nicht nur sinnlicher und geistiger Erkenntnis (vgl. Kap. 10), sondern auch sittlicher Vollkommenheit und körperlicher Gesundheit herausstellt.

Das 13. Kapitel wendet sich der psychologischen Grundlage der Theorie zu. Die anima sensitiva wird als eine gewisse geistige Kraft verstanden, welche die Arterienluft belebt und hierdurch die Wahrnehmung erst ermöglicht.

Im Epilog wird nochmals (vgl. Kap. 10) das posse Gegenstand der Untersuchung. Dieses „Können", das hier ausdrücklich dem Vater in der Trinität gleichgesetzt wird, ist der eine Gegenstand und das eine Ziel des geistigen und auch des sinnlichen Sehens. Die gesamte Seins- und Erkenntnisordnung ist ausgerichtet auf die Gottesschau.

Wenn man das Compendium mit den anderen Schriften des Nikolaus vergleicht, stellt man fest, daß es inhaltlich sehr eng mit dem zweiten großen Hauptwerk des Kardinals, nämlich De coniecturis, zusammenhängt. Darüber hinaus ist es keineswegs eine bloße Zusammenfassung dessen, was in

früheren Schriften ausgeführt wurde. Für manche Darle-
gungen lassen sich in den anderen Werken des Nikolaus
keine genau entsprechenden Parallelen nachweisen. Daher
ist das Compendium keineswegs nur retrospektiv, sondern
es ist vornehmlich ein neuer Versuch, Sein und Erkennen zu
deuten.

Der Text der kritischen Ausgabe der Heidelberger Akademie wurde unverändert übernommen; bezüglich des
Variantenapparates sei auf diese Edition verwiesen. Vor-
wort, Übersetzung und Anmerkungen hatte Bruno Decker
in verschiedenen von ihm als „vorläufig" charakterisierten
Fassungen ausgearbeitet. Meine Aufgabe bestand nach
Deckers vorzeitigem Tod in der Überprüfung, Überarbei-
tung und Neufassung. Ich darf dem Verstorbenen für seine
Arbeit an diesem Band der zweisprachigen Ausgabe größten
Dank aussprechen. Gerne danke ich auch allen anderen, die
zum Gelingen beigetragen haben, vornehmlich Frau Dr.
Bohnenstädt und besonders Herrn Dr. Senger.

Karl Bormann

Compendium

Capitulum I

Accipe breve Compendium continens circa quae consideratio tua versari debeat. Si proficere cupis, primo firma id verum, quod sana mens omnium hominum attestatur, puta singulare non est plurale nec unum multa; ideo unum in multis non potest esse singulariter seu uti in se est, sed modo multis communicabili. Deinde negari nequit, quin prius natura res sit quam sit cognoscibilis. Igitur essendi modum neque sensus neque imaginatio neque intellectus 10 attingit, cum haec omnia praecedat. Sed omnia, quae attinguntur quocumque cognoscendi modo, illum priorem essendi modum tantum significant. Et hinc non sunt ipsa res, sed similitudines, species aut signa eius. Igitur de essendi modo non est scientia, licet modum talem esse certissime videatur.

Habemus igitur visum mentalem intuentem in id, quod 2 est prius omni cognitione. Quare qui id, quod sic videt, in cognitione reperire satagit, se frustra fatigat, sicut qui colorem solum visibilem etiam manu tangere niteretur. Habet se igitur visus mentis ad illum essendi modum quasi ut visus sensibilis ad lucem, quam certissime esse videt et non cognoscit. Praecedit enim omnia, quae visu tali cognosci possunt. Illa etiam, quae per ipsum cognoscuntur, signa sunt ipsius lucis. Colores enim, qui visu cognoscuntur, signa sunt et termini lucis in diaphano. Ponas igitur solem patrem esse 10 sensibilis lucis, et in eius similitudine concipe deum patrem

Kapitel 1

Nimm einen kurzen Abriß entgegen, der das enthält, womit sich deine Betrachtung beschäftigen muß. Wenn du Fortschritte machen willst, so halte zunächst fest für wahr, was der gesunde Geist aller Menschen bezeugt[1], z. B.: Einzelnes ist nicht mehrmalig, und Eines ist nicht vieles. Daher kann Eines nicht in seiner Einzigartigkeit oder so, wie es in sich ist, in vielem sein[2], sondern nur auf eine Weise, die vielem mitteilbar ist. Sodann läßt sich nicht leugnen, daß ein Ding seiner Natur nach zuerst ist, bevor es erkennbar ist[3]. Daher erreichen die Weise des Seins[4] weder Sinn noch Vorstellungskraft noch Vernunft, liegt sie doch all dem voraus[5]. Alles vielmehr, was in irgendeiner Weise des Erkennens erfaßt wird, bezeichnet jene vorgegebene Weise des Seins nur. Was erfaßt wird, ist darum nicht das Ding selbst, sondern dessen Ähnlichkeiten, Bilder oder Zeichen[6]. Also gibt es von der Seinsweise kein Wissen[7], mag auch mit höchster Gewißheit geschaut werden, daß es eine solche Weise gibt.

2   Wir haben also eine geistige Schau, die den Blick auf das richtet, was vor aller Erkenntnis liegt. Wer darum das so Geschaute in der Erkenntnis finden will, müht sich vergeblich ab. Er gleicht einem, der die nur sehbare Farbe auch mit der Hand zu berühren versuchte. Es verhält sich also die Schau des Geistes zu jener Seinsweise ähnlich wie das sinnliche Sehen zum Licht[8]. Dessen Vorhandensein schaut es mit höchster Gewißheit, erkennt es aber nicht[9]. Denn das Licht geht allem voraus, was durch derartiges Sehen erkannt werden kann. Ferner ist das, was durch dieses erkannt wird, Zeichen des Lichtes selbst[10]. Die Farben nämlich, die durch das Sehen erkannt werden, sind Zeichen und Grenzen des Lichtes im Durchsichtigen[11]. Nimm also an, die Sonne sei der Vater des sinnenfälligen Lichtes, und dann denke dir nach Ähnlichkeit der Sonne Gott, den Vater der Dinge, als das

rerum lucem omni cognitione inaccessibilem, res autem omnes illius lucis splendores, ad quos se habet visus mentis sicut visus sensus ad lucem solis. Et ibi sistas considerationem circa essendi modum omni cognitioni suprapositum.

Capitulum II   3

Res igitur, ut cadit in notitia, in signis deprehenditur. Oportet igitur, ut varios cognoscendi modos in variis signis quaeras. Nam cum nullum signum adeo sufficienter modum essendi designet, sicut designari potest, si meliori modo, quo fieri potest, ad cognitionem perveniri debet, per varia signa hoc fieri necesse est, ut ex illis melius notitia haberi queat, sicut melius ex quinque sensibilibus signis sensibilis res cognoscitur quam ex uno aut duobus. Requirit autem perfectum esse alicuius rei, ut cognoscere possit, puta cum 10 perfectum animal sine nutrimento vivere nequeat, necesse est, quod cibum suum cognoscat. Qui cum non reperiatur in omni loco, habebit animal necessario modum se movendi de loco ad locum et quaerendi. Ad quae sequitur, quod habeat sensus omnes, ut convenientem cibum visu, auditu, odoratu, gustu tactuque attingat.

Et quoniam animalia eiusdem speciei se mutuo fovent et 4 iuvant, ut melius vivant, oportet, ut speciem suam cognoscant et se mutuo, quantum perfectio speciei deposcit, audiant et intelligant. Gallus enim alia voce convocat gallinas, dum invenit pastum, et alia de milvo, quem ex umbra praesentem percipit, eas avisat, ut fugiant. Et quia nobiliori animali est maior cognitio necessaria, ut bene sit, hinc hominem inter cuncta maximam notitiam habere oportet. Nam sine artibus mechanicis et liberalibus atque moralibus

aller Erkenntnis unzugängliche Licht[12], alle Dinge aber als jenes Lichtes Abglanz, zu dem sich die Schau des Geistes verhält wie das sinnliche Sehen zum Lichte der Sonne[13]. Und vor jenem Lichte magst du mit deiner Betrachtung über die alle Erkenntnis überragende Weise des Seins halt-machen.

3   K a p i t e l 2

Sofern ein Ding zur Kenntnis kommt, wird es also in Zeichen ergriffen. Du mußt daher die verschiedenen Er-kenntnisweisen in den verschiedenen Zeichen suchen. Denn kein Zeichen bezeichnet die Seinsweise in so erschöpfender Weise, wie es nur möglich ist. Soll man also auf möglichst vollkommene Weise[1] zur Erkenntnis gelangen, so muß dies durch verschiedene Zeichen geschehen, damit man aus ihnen eine bessere Kenntnis gewinne. So wird ein sinnenfälliges Ding durch fünf sinnenfällige Zeichen besser als durch eines oder zwei erkannt. Zum vollkommenen Sein irgendeines Dinges gehört aber, daß es zu erkennen vermag. Da z. B. das vollkommene Sinnenwesen ohne Nahrung nicht leben kann, ist es notwendig, daß es seine Speise erkennt. Weil diese nicht überall zu finden ist, besitzt das Sinnenwesen notwendigerweise die Fähigkeit, sich von Ort zu Ort zu be-wegen und zu suchen[2]. Daraus folgt, daß es alle Sinne be-sitzt, um die entsprechende Nahrung durch Sehen, Hören, Riechen, Schmecken und Tasten zu erreichen.

4   Und da die Sinnenwesen derselben Art sich gegenseitig unterstützen und helfen, um besser zu leben, müssen sie auch ihre Art erkennen und sich gegenseitig hören und ver-stehen, soweit es die Vollendung ihrer Art fordert[3]. Wenn nämlich der Hahn die Hennen herbeiruft, weil er etwas zu fressen gefunden hat[4], schreit er anders, als wenn er sie vor dem Falken, dessen Gegenwart ihm der Schatten verrät, warnt, damit sie fliehen. Und da einem edleren Sinnen-wesen eine höhere Erkenntnis zu seinem Wohlbefinden not-wendig ist, muß der Mensch unter allen Sinnenwesen die größte Kenntnis besitzen. Denn ohne die handwerklichen und freien Künste[5], ohne sittliche Erkenntnisse und ohne die

scientiis virtutibusque theologicis bene et feliciter non 10
subsistit. Cum igitur homini cognitio plus ceteris sit necessaria, hinc «omnes homines natura scire desiderant». Quibus
traditio doctrinae convenit, ut indoctus a doctiori informe-
tur. Quae cum non nisi per signa fieri possit, ad cognitionem
signorum descendamus.

Signa omnia sensibilia sunt et aut naturaliter res designant 5
169ᵛ aut ex instituto. Naturaliter, uti signa, | per quae in sensu
designatur obiectum. Ex instituto vero, uti vocabula et
scripturae et omnia, quae aut auditu aut visu capiuntur et
res, prout institutum est, designant. Naturalia signa naturaliter nota sunt sine omni alio doctore, sicut signum designans colorem omnibus videntibus notum est et designans
vocem omnibus audientibus — ita de aliis sensibus — et vox
laetitiae, ut risus, et tristitiae, uti gemitus cum fletu, et talia.
Alia vero signa, quae ad designandum ad placitum sunt in- 10
stituta, quibus institutio non est nota, non innotescunt nisi
arte aut doctrina. Et quoniam necesse est signa omnia, per
quae tradi debet notitia, nota esse magistro et discipulo, erit
prima doctrina circa talium signorum notitiam. Quae ideo
prima, quia sine ipsa nihil tradi potest et in eius perfec-
tione omne, quod tradi potest, includitur.

göttlichen Tugenden[6] ist ihm ein gutes und glückliches Leben nicht möglich. Weil also dem Menschen die Erkenntnis notwendiger als den übrigen Sinnenwesen ist, deshalb verlangen alle Menschen von Natur aus nach Wissen[7]. Ihnen kommt die Weitergabe der Lehre zu, damit der nicht Belehrte vom besser Belehrten unterrichtet werde. Da diese Weitergabe nur durch Zeichen erfolgen kann, wollen wir uns auf die Erkenntnis der Zeichen einlassen.

5   Alle Zeichen sind sinnenfällig[8] und bezeichnen die Dinge entweder von Natur aus oder auf Grund menschlicher Setzung[9]. Von Natur aus: so die Zeichen, durch die ein Gegenstand im Sinnesvermögen bezeichnet wird. Auf Grund menschlicher Setzung aber: so die Wörter, die Schriftzeichen und alles, das entweder durch Hören oder durch Sehen wahrgenommen wird und die Dinge, so wie es gesetzt wurde, bezeichnet. Die natürlichen Zeichen sind von Natur aus bekannt ohne Inanspruchnahme irgendeines anderen Lehrers, wie z. B. das die Farbe bezeichnende Zeichen allen bekannt ist, die es sehen, und das den Laut bezeichnende allen, die es hören — das gleiche trifft bei den übrigen Sinnen zu —, und das Lachen als hörbarer Ausdruck der Freude und das Seufzen zusammen mit Weinen als Ausdruck der Trauer und anderes dergleichen[10]. Die anderen Zeichen aber, deren Bedeutung nach Belieben gesetzt wurde, werden denen, die diese Setzung nicht kennen, nur durch Kunst oder Belehrung bekannt. Und da alle Zeichen, durch die eine Kenntnis weitergegeben werden soll, dem Lehrer und dem Schüler bekannt sein müssen, muß sich die erste Belehrung um die Kenntnis dieser Zeichen bemühen. Sie erfolgt darum zuerst, weil ohne sie nichts weitergegeben werden kann und in ihrer Vollendung alles, was weitergegeben werden kann, eingeschlossen ist.

Capitulum III

Oportet autem ut primos nostros parentes, qui perfecte creati fuerunt, non solum a deo perfectionem naturae, sed et scientiae signorum talium habuisse, per quae sibi mutuo conceptus suos panderent et quam scientiam filiis et posteris tradere possent. Unde pueros, quam cito fari possunt, artis dicendi capaces videmus, quia prima et magis necessaria ad bene essendum scientia. Nec absurdum videtur, si creditur primam humanam dicendi artem adeo fuisse copiosam ex multis synonymis, quod linguae omnes postea divi- 10 sae in ipsa continebantur. Omnes enim linguae humanae sunt ex prima illa parentis nostri Adae, scilicet hominis, lingua. Et sicut non est lingua, quam homo non intelligat, ita et Adam, qui idem quod homo, nullam, si audiret, ignoraret. Ipse enim vocabula legitur imposuisse. Ideo nullum cuiusque linguae vocabulum ab alio fuit originaliter institutum. Nec de Adam mirandum, cum certum sit dono dei multos linguarum omnium peritiam subito habuisse. Nulla etiam naturalior ars faciliorque est homini quam dicendi, cum illa nullus perfectus homo careat.   20

Neque haesitandum primos parentes etiam artem scri- 7 bendi vocabula seu designandi habuisse, cum illa humano generi multa conferat adiumenta. Per eam enim praeterita et absentia praesentia fiunt. Unde sicut prima scientia est designandi res in vocabulis, quae aure percipiuntur, ita est secunda scientia in vocabulorum visibilibus signis, quae oculis obiciuntur. Et haec remotior est a natura, quam tardius pueri assequuntur et non nisi intellectus in ipsis vigere

6   K a p i t e l 3[1]

Unsere Stammeltern wurden vollkommen erschaffen. Sie
mußten daher von Gott nicht nur eine Vollkommenheit ihrer
Natur, sondern auch des Wissens solcher Zeichen empfangen haben, durch die sie ihre Gedanken austauschen und
dieses Wissen ihren Kindern und Nachkommen vermitteln
konnten. Daher sehen wir, daß die Kinder, sobald sie sprechen können, für die Kunst des Sprechens empfänglich sind,
weil sie die erste und für das Wohlbefinden notwendigste
Kenntnis ist. Und es scheint keineswegs ungereimt zu sein,
wenn man glaubt, die erste menschliche Sprechkunst sei infolge zahlreicher sinngleicher Worte dermaßen reichhaltig
gewesen, daß in ihr alle später geschiedenen Sprachen enthalten waren. Denn alle menschlichen Sprachen leiten sich
her von jener Ursprache unseres Stammvaters Adam, das
heißt des Menschen[2]. Und wie es keine Sprache gibt, die der
Mensch nicht verstünde, so würde auch Adam, der dasselbe
wie Mensch ist, jede Sprache, die er hörte, verstehen[3]. Denn
wir lesen, daß er selbst die Namen gegeben hat[4]. Daher
wurde kein Wort irgendeiner Sprache von einem andern
erstmalig gesetzt. Das darf uns bei Adam keineswegs wun-
dernehmen; denn es steht fest, daß durch Gottes Geschenk
viele Menschen die Kenntnis aller Sprachen in einem Augenblick erhalten haben[5]. Auch ist für den Menschen keine
Kunst so naturgemäß und so leicht wie die Kunst des Sprechens, da sie keinem vollkommenen Menschen abgeht.

7   Ferner ist nicht daran zu zweifeln, daß unsere Stammeltern auch die Kunst, Wörter niederzuschreiben oder zu
bezeichnen, besaßen, da sie dem Menschengeschlecht viele
Vorteile bringt. Denn durch sie wird das Vergangene und
das Abwesende gegenwärtig. Wie es daher eine erste Wissenschaft gibt, nämlich die, die Dinge mit Wörtern zu bezeichnen, die vom Ohr wahrgenommen werden, so gibt es
eine zweite Wissenschaft, nämlich die, die Dinge mit sichtbaren Wortzeichen zu bezeichnen, die sich den Augen dar-
bieten. Und diese ist weiter von der Natur entfernt; die
Kinder erwerben sie später und nur dann, wenn die Ver-

incipiat. Plus igitur habet de intellectu quam prima. Inter
naturam igitur et intellectum, qui est creator artium, hae   10
artes cadunt, quarum prima propinquior naturae, secunda
propinquior intellectui. Facit autem intellectus in homine
in signo sensibili auditus, scilicet sono, artem primam, quia
animal suas affectiones in illo signo naturaliter pandere
nititur. Unde confusum signum ars dearticulat et variat, ut
melius varia desideria communicet. Ita adiuvat naturam. Et
quoniam signum illud, in quo haec ars ponitur, prolatione
cessat a memoriaque labitur et ad remotos non attingit,
remedia intellectus alia arte, scilicet scribendi, addidit et
illam in signo sensibili ipsius visus collocavit.   20

Capitulum IV   8

Considerans autem signa sensibilia quomodo ab obiecto
ad sensum perveniunt, reperiet res corporales splendescere
actu aut habitu, actu ut lucida, potentia ut colorata. Neque
aliqua res corporalis penitus est expers lucis aut coloris, qui
ex luce est. Non tamen color, nisi luce iuvetur, splendorem
per visum nostrum perceptibilem de se mittit. Splendor
autem subito et a remotis valde per rectam lineam proicitur,
ad cuius perceptionem sensus visus naturaliter est adaptatus.
Sonus vero a remotis orbiculariter se diffundit, ad cuius sen-   10
sationem sensus auditus creatus est. Vapor vero se minus
remote diffundit et odoratu percipitur, tactu vero tangibilia
propinquiora et gustu interior sapor. Haec mirabili provi-

nunft in ihnen zu erstarken beginnt. Sie hat also mehr von
der Vernunft als die erste. Zwischen Natur und Vernunft,
die Schöpfer der Künste ist, liegen also diese Künste. Die
erste steht der Natur, die zweite der Vernunft näher. Die
Vernunft aber bewirkt im Menschen im Bereich sinnenfälliger hörbarer Zeichen, nämlich der Laute, die erste Kunst,
weil das Sinnenwesen seine Gefühle naturgemäß durch
Zeichen dieser Art kundzugeben sich bemüht[6]. Daher formt
die Kunst das undeutliche Lautzeichen auf verschiedenste
Weise zu einem deutlichen um, damit sie die verschiedenen
Anliegen besser mitteilen kann. So hilft sie der Natur[7]. Jenes
Zeichen aber, mit dem es diese Kunst zu tun hat, vergeht
in dem gleichen Augenblick, da es ausgesprochen wird, es
entschwindet dem Gedächtnis und erreicht Entfernte nicht.
Deshalb schuf die Vernunft Abhilfe durch eine andere
Kunst, nämlich die des Schreibens, und ordnete sie dem Bereich der dem Gesichtssinn zugänglichen sinnenfälligen Zei-
chen zu[8].

8   K a p i t e l 4

Wer aber beobachtet, wie die sinnenfälligen Zeichen vom
Gegenstand zum Sinnesvermögen gelangen, wird feststellen, daß die körperlichen Dinge in Wirklichkeit[1] oder der
Anlage nach erglänzen; in Wirklichkeit, wie die leuchtenden
Körper, dem Vermögen nach, wie die farbigen. Und es gibt
kein körperliches Ding, das des Lichtes oder der Farbe, die
vom Licht herrührt, gänzlich entbehrte[2]. Die Farbe gibt
jedoch nur, wenn sie vom Licht unterstützt wird, einen
Glanz von sich[3], der von unserem Gesichtssinn wahrgenommen werden kann. Der Glanz aber dehnt sich schnellstens
und auf größte Entfernung hin geradlinig aus. Auf sein Erfassen ist der Gesichtssinn von Natur aus eingestellt. Der
Ton[4] aber breitet sich kreisförmig auf große Entfernung aus.
Zu seiner Wahrnehmung ist der Gehörssinn geschaffen. Das
Riechbare hingegen verbreitet sich weniger weit und wird
durch den Geruchssinn erfaßt, während durch den Tastsinn
das näher liegende Tastbare und durch den Geschmackssinn
das im Schmeckenden befindliche Schmeckbare erfaßt wird.

dentia naturae ad bene esse animalium sic ordinata sunt.
Nam cum nulla res, uti in se est, sit multiplicabilis et ad
170ʳ bonum ipsius | esse expediat rerum notitiam haberi, ⟨opor-
tet⟩ quod res, quae per se in notitiam alterius intrare nequeunt, per suas designationes intrent. Quare oportet inter
sensibile obiectum et sensum esse medium, per quod obiectum speciem seu signum sui multiplicare possit. Et quoniam 20
haec non nisi praesente obiecto fiunt, nisi haec signa sic
possent annotari, quod etiam recedente obiecto remaneant
signata, non maneret rerum notitia.

In istis igitur signorum designationibus in interiori phan- 9
tastica virtute manent res designatae, uti vocabula manent
in charta scripta prolatione cessante; quae remanentia memoria potest appellari. Sunt igitur signa rerum in phantastica signa signorum in sensibus. Nihil enim est in phantastica, quod prius non fuit in sensu. Ideo caecus a nativitate
non habet phantasma coloris et imaginari nequit colorem.
Signa igitur sensibilia licet abstractiora sint quam materialia
sensibilia, non tamen penitus separata. Ideo et visus ali-
quantulum coloratus est, sed imaginatio coloris penitus 10
colore caret. Quare signa rerum in imaginatione seu phantastica remotiora sunt a materia et magis formalia, hinc
quoad sensibilia minus perfecta et quoad intelligibilia per-
fectiora.

Non tamen sunt penitus abstracta; nam imaginatio coloris 10
licet nihil habeat qualitatis coloris, tamen non caret omni

Dies ist durch die bewunderungswürdige Vorsehung der
Natur in folgender Weise auf das Wohlbefinden der Sinnenwesen hingeordnet. Da nämlich einerseits kein Ding so, wie
es in sich ist, vervielfältigt werden kann[5], es aber anderseits
dem Wohlbefinden eines Dinges zum Vorteil gereicht, wenn
die Dinge erkannt werden, müssen die Dinge, die durch
sich selbst nicht in die Erkenntnis eines anderen eingehen
können, in diese durch ihre Bezeichnungen eingehen. Daher
muß es zwischen dem sinnenfälligen Gegenstand und dem
Sinnesvermögen ein Mittleres geben, durch das hindurch der
Gegenstand ein Bild oder Zeichen von sich vervielfältigen
kann[6]. Diese Vervielfältigung erfolgt nur, wenn der Gegenstand gegenwärtig ist. Wenn daher jene Zeichen nicht so
vermerkt werden könnten, daß sie auch als bezeichnete zu-
rückblieben, wenn der Gegenstand entweicht, so würde
keine Kenntnis der Dinge zurückbleiben.

9   In diesen Bezeichnungen der Zeichen bleiben also die
Dinge in der inneren Vorstellungskraft bezeichnet, ähnlich
wie die Wörter auf dem Papier geschrieben zurückbleiben,
wenn sie nicht mehr ausgesprochen werden. Dieses Zurückbleiben kann man Gedächtnis nennen[7]. Also sind die Zeichen der Dinge in der Vorstellungskraft Zeichen der Zeichen
in den Sinnen. Denn in der Vorstellungskraft findet sich
nichts, was nicht vorher in der Sinneswahrnehmung war[8].
Daher hat der Blindgeborene kein Vorstellungsbild von der
Farbe und kann sich die Farbe nicht vorstellen[9]. Mögen also
die sinnenfälligen Zeichen von der Materie losgelöster sein
als das sinnenfällige Materielle, so sind sie dennoch nicht
gänzlich frei von Materie. Deshalb ist auch der Gesichtssinn
noch ein wenig farbhaltig[10], die Vorstellung der Farbe aber
entbehrt der Farbe gänzlich. Daher sind die in der Vorstellungskraft oder Phantasie befindlichen Zeichen der Dinge
entfernter von der Materie und sind mehr formhaft. Sie sind
daher in der Hinsicht auf das Sinnenfällige weniger vollkommen und in der Hinsicht auf das geistig Erkennbare
vollkommener.

10   Jedoch sind sie nicht gänzlich von der Materie losgelöst.
Denn die Farbvorstellung hat zwar nichts von der Beschaffenheit der Farbe, entbehrt jedoch nicht iedes Merkmals, das

connotatione, quae sentitur. Nihil enim potest imaginari,
quod neque moveatur neque quiescat et quod non sit quantum, scilicet aut magnum aut parvum, licet sit sine termina-
tione tali, quae in sensibilibus reperitur. Nihil enim adeo
parvum esse potest, cuius medietatem imaginatio non attingat, aut adeo magnum, cuius duplum non imaginetur. In
omnibus autem perfectis animalibus ad signa illa phantastica, quae sunt signa signorum sensuum, pervenitur, ut noti- 10
tia non careat sibi opportuna. Solus vero homo signum quaerit
ab omni materiali connotatione absolutum penitusque formale, simplicem formam rei, quae dat esse, repraesentans.
Quod quidem signum, sicut est remotissimum quoad res
sensibiles, est tamen propinquissimum quoad intellectuales.

Capitulum V   11

Oportet autem, ut advertas quomodo signum sensibile
est prius confusum et genericum quam proprium et speci-
ficum. Sicut signum verbi est prius signum soni, dum vox
a remotis auditur; deinde dum propinquius auditur, fit signum soni articulati, quod vox dicitur; post adhuc propinquius fit signum vocis alicuius linguae; ultimo fit signum
specialis verbi; sic de omnibus. Et licet intervalla temporis
saepe non sentiantur propter miram celeritatem, non tamen
potest signum perfectum esse, nisi de confuso ad speciale 10
perveniat. Unius igitur et eiusdem immultiplicabilis rei
notae et signa sunt varia, per quae innotescit, scilicet generica atque specifica, inter quae media alia magis generica

sinnlich wahrgenommen wird. Denn man kann sich nichts vorstellen, was weder in Bewegung noch in Ruhe sich befände und was nicht quantitativ, nämlich entweder groß oder klein[11], wäre, mag auch das Vorstellungsbild ohne solche Begrenzung sein, wie sie im Sinnenfälligen angetroffen wird. Denn nichts kann so klein sein, daß sich die Vorstellungskraft von ihm nicht noch die Hälfte bilden könnte, oder so groß, daß sich von ihm nicht noch das Doppelte vorstellen ließe. In allen vollkommenen Sinnenwesen aber gelangt die Erkenntnis bis zu jenen Vorstellungszeichen, welche Zeichen der Zeichen der Sinne sind, damit das Sinnenwesen der ihm nützlichen Kenntnis nicht entbehre. Allein der Mensch aber sucht ein Zeichen, das jeglichen materiellen Merkmales bar ist und gänzlich formhaft ist, das die einfache Form eines Dinges, die das Sein verleiht, darstellt[12]. Dieses Zeichen ist zwar am weitesten von den sinnenfälligen Dingen entfernt, ist jedoch den geistig erkennbaren am nächsten.

11   Kapitel 5

Du mußt aber beachten, daß das sinnenfällige Zeichen erst unbestimmt und gattungsmäßig ist, dann eigentümlich und artmäßig[1]. So ist das Zeichen eines Wortes zunächst Zeichen eines Lautes, solange die Stimme aus der Ferne vernommen wird. Wird die Stimme mehr aus der Nähe vernommen, so wird das Lautzeichen zum Zeichen eines artikulierten Lautes, das man Wort nennt. Danach, aus noch größerer Nähe vernommen, wird es zum Zeichen des Wortes irgendeiner Sprache; schließlich wird es zum Zeichen eines bestimmten Wortes. So ist es bei allem[2]. Und mag man die zeitlichen Abstände oftmals infolge der erstaunlichen Schnelligkeit (der Sinnesempfindung) gar nicht wahrnehmen, so kann doch ein Zeichen nicht vollkommen sein, wenn es nicht aus einem undeutlichen zu einem bestimmten wird. Von ein und demselben Ding, das nicht vervielfältigt werden kann[3], gibt es demnach verschiedene Merkmale und Zeichen, durch die es bekannt wird, nämlich gattungs- und artmäßige und dazwischen, eine Mittelstellung einnehmend, andere Zei-

et alia magis specifica cadunt. Cum autem perfectio signorum recipiat magis aut minus, nullum signum umquam erit
ita perfectum et speciale, quin possit esse perfectius. Singu-
laritatis igitur, quae non recipit magis et minus, nullum est
dabile signum. Et ideo tale non est per se cognoscibile, sed
per accidens, puta Plato, qui non recipit magis et minus,
non videtur nisi per accidens in signis visibilibus, quae ei 20
accidunt.

Omne igitur, quod sensu aut imaginatione attingitur, cum 12
non nisi in signis, quae magis et minus recipiunt, cogno-
scatur, sine signis quantitatis non attingitur. Signa igitur
qualitatis, quae ad sensum perveniunt, sine signis quantitatis esse nequeunt. Sed signa quantitatis non sunt per se in
sensibilibus, sed per accidens, cum qualitas sine quantitate
non possit esse. Signa vero quantitatis non requirunt signa
qualitatis; ideo sine ipsis esse possunt. Quare res quanta
signo quantitatis in notitiam devenit, et sic per se inco-
gnoscibile per accidens innotescit. Magnitudine igitur et 10
multitudine sublata nulla res cognoscitur.

Hoc etiam repetere utile videtur, scilicet quod nec huius 13
singularis quantitatis signum seu species naturalis potest
170ᵛ esse singularis, cum nul|lum singulare sit plurificabile aut
multiplicabile, sive sit substantia aut quantitas aut qualitas.
Licet igitur quantitatis sit species et signum, non tamen ut
huius quantitatis. Singulariter igitur quanta signo generalis
quantitatis notantur et cognoscuntur. Ita singulariter rubea
signo universalis rubedinis. Unde cum nulla res sit eiusdem
quantitatis aut qualitatis cum alia et cuiuslibet rei singularis
sit quantitas singularis, non est quantitas aliquid generale 10
in re, sed in cognitione seu specie et signo. Parvum igitur et

chen, die mehr gattungsmäßig sind, und wieder andere, die mehr artmäßig sind. Da aber die Vollkommenheit der Zeichen ein Mehr oder Weniger zuläßt, wird kein Zeichen jemals so vollkommen und bestimmt sein, daß es nicht noch vollkommener sein könnte. Also kann es vom Einzelsein, das kein Mehr und Weniger zuläßt, kein Zeichen geben[4]. Daher ist derartiges auch nicht durch sich, sondern nur durch ein Zufallendes erkennbar. So z. B. wird Plato, der kein Mehr und Weniger zuläßt, nur durch ein Zufallendes in den sichtbaren Zeichen geschaut, die ihm zufallen[5].

12   Da alles, was durch die Sinneswahrnehmung oder die Vorstellung erfaßt wird, nur in Zeichen, die ein Mehr und Weniger zulassen, erkannt wird, wird es also ohne die Zeichen der Quantität nicht erfaßt. Daher können die Zeichen der Qualität, die zu den Sinnen gelangen, nicht ohne die Zeichen der Quantität sein. Aber die Zeichen der Quantität sind nicht durch sich selbst, sondern nur durch ein Zufallendes im Sinnenfälligen, da Qualität ohne Quantität nicht sein kann. Die Zeichen der Quantität aber erfordern keine Zeichen der Qualität; deshalb können sie ohne diese sein[6]. Daher gelangt das quantitative Ding durch das Zeichen der Quantität zur Kenntnis, und so wird das durch sich selbst Unerkennbare durch ein Zufallendes bekannt. Wird also Größe und Vielheit beseitigt, dann wird kein Ding erkannt.

13   Auch scheint es von Nutzen zu sein, Folgendes zu wiederholen, daß es nämlich von dieser einzelnen Quantität kein Einzelzeichen oder natürliches Einzelbild geben kann, da nichts Einzelnes vermehrfacht oder vervielfältigt werden kann[7], mag es Substanz oder Quantität oder Qualität sein. Obwohl es daher von der Quantität ein Erkenntnisbild und Zeichen gibt, so doch nicht von dieser bestimmten Quantität. Das einzelne Quantitative wird also durch das Zeichen der allgemeinen Quantität gekennzeichnet und erkannt. Ebenso das einzelne Rote durch das Zeichen der universalen Röte. Da also kein Ding von derselben Quantität oder Qualität wie ein anderes ist und jedem Einzelding eine einzelne Quantität zukommt, ist die Quantität nicht etwas Allgemeines im Ding, sondern in der Erkenntnis oder im Erkenntnisbild und im Zeichen. Daher haben Klein und Groß Erkennt-

magnum species habent, licet non hoc parvum et hoc magnum, quae sunt singulares quantitates; sed per speciem seu
signum magni hoc magnum et parvi hoc parvum cognoscitur.

Signa igitur naturalia species sunt singularium signatorum. 14
Nam species istae non sunt formae formantes, sed formae
informantes. Informati vero uti tales recipiunt magis et
minus. Unus enim plus est informatus quam alius, et idem
nunc minus, postea plus. Tales igitur formae possunt esse in
pluribus, cum non requiratur quod eodem essendi modo
ipsis insint, qui modus non est multiplicabilis, sed variis
varie, uti una ars scribendi varie variis inest scriptoribus.
Patet etiam ex his quod numerus determinatus, puta ter-
narius, denarius et tales, cum non recipiant magis et minus 10
ob suam singularem determinationem, non habent nisi inde-
terminatas species, sicut specie multitudinis indeterminatae,
quae numeratio dici potest, determinata multitudo cognoscitur; et speciebus magnitudinis et multitudinis cognoscitur
magnus determinatus numerus; et sic parvus numerus speciebus multitudinis et parvitatis; et similes colores speciebus
similitudinis et coloris, et dissimiles speciebus dissimilitudinis et coloris, et concordantes voces speciebus concordantiae et vocis, et discordantes speciebus discordantiae et
vocis; et taliter de omnibus.   20

Cum autem sic ex signis et speciebus notionalibus for- 15
metur in nobis notitia rei, non potest res, quae sic innotescit,
distincte cognosci ab alia, nisi distinctis notis et speciebus
formetur notitia. Unde ut quaelibet res est singularis, ita et
eius notitia aliquid habet, quod in alterius notitia non repe-

nisbilder, nicht aber dieses Kleine und dieses Große, welche einzelne Quantitäten sind; wohl aber wird durch das Erkenntnisbild oder Zeichen des Großen dieses Große und durch das des Kleinen dieses Kleine erkannt.

14 Die natürlichen Zeichen sind also die Erkenntnisbilder der bezeichneten Einzeldinge. Denn diese Erkenntnisbilder sind keine formenden, sondern einformende Formen[8]. Die die Einformung empfangen haben, lassen aber als solche ein Mehr und Weniger zu. Denn der eine hat mehr Einformung empfangen als der andere, und ein und derselbe jetzt weniger, später mehr. Solche Formen können also in mehreren sein, da nicht erforderlich ist, daß sie in ihnen in derselben Seinsweise sind, welche nicht vervielfältigt werden kann. Vielmehr sind sie in Verschiedenem auf verschiedene Weise, wie die eine Schreibkunst auf verschiedene Weise in den verschiedenen Schreibern ist. Hieraus geht auch hervor, daß eine bestimmte Zahl, z. B. die Drei, die Zehn und dergleichen, wegen ihrer einzigartigen Bestimmtheit kein Mehr und Weniger zuläßt und deshalb nur unbestimmte Erkenntnisbilder hat. So wird z. B. durch das Erkenntnisbild einer unbestimmten Vielheit, das man Zählen nennen kann, eine bestimmte Vielheit erkannt, und durch die Erkenntnisbilder der Größe und Vielheit wird eine große bestimmte Zahl erkannt; und ebenso eine kleine Zahl durch die Erkenntnisbilder der Vielheit und der Kleinheit, und ähnliche Farben durch die Erkenntnisbilder der Ähnlichkeit und der Farbe, und unähnliche durch die Erkenntnisbilder der Unähnlichkeit und der Farbe, und harmonierende Stimmen durch die Erkenntnisbilder der Harmonie und der Stimme, und disharmonierende Stimmen durch die Erkenntnisbilder der Disharmonie und der Stimme; und so hinsichtlich allem.

15 Da aber so aus Zeichen und Erkenntnisbildern in uns die Kenntnis eines Dinges geformt wird[9], kann ein Ding, das so bekannt wird, in seiner Unterschiedenheit von einem andern nur dann erkannt werden, wenn die Kenntnis durch unterschiedliche Kennzeichen und Erkenntnisbilder geformt wird. Wie daher jedes Ding ein einzelnes ist, so hat auch die Kenntnis, die man von ihm gewinnt, etwas, das in der Kenntnis, die man von einem anderen hat, nicht angetroffen

ritur. Quemadmodum si unum vocabulum est sex litterarum
et aliud etiam sex litterarum, oportet quod, licet in numero
concordent, non tamen in figura et situ, ut sint diversa, sicut
res sunt diversae, quarum sunt vocabula. Ac diversitas specierum notionalium nos ducit in notitiam diversitatis rerum. 10
Et licet duo individua videantur in pluribus speciebus con-
venire, non tamen est possibile, quin in aliquibus etiam dis-
crepent.

Capitulum VI   16

Consequenter attendas oportet quomodo non est opus
talpam habere visum, quia cognitione signorum visibilium
non indiget, cum in umbra terrae reperiat quod quaerit. Ita
de omnibus similiter dicendum, scilicet quod omnia viventia
tot species ex sensibilibus hauriunt, quot sunt eis ad bene
esse necessariae. Quare non omnia perfecta animalia, licet in
numero sensuum conveniant, etiam in numero specierum et
signorum conveniunt. Alias haurit formica species, alias leo,
alias aranea, alias vacca, sicut diversae arbores ex eadem 10
terra diversa hauriunt alimenta, quaelibet suae naturae con-
veniens. Et vis phantastica unius animalis ex speciebus per
sensus receptis aliam facit imaginationem quam aliud et
aliam aestimationem amicitiae aut inimicitiae, convenientis
aut disconvenientis quam aliud. Hinc homo haurit ex sensibilibus signis species suae naturae convenientes, qui cum sit
rationalis naturae, species illi suae naturae convenientes
haurit, ut per illas bene possit ratiocinari et reperire con-
veniens alimentum tam corporale corpori quam spirituale

wird. Wenn z. B. ein Wort aus sechs Buchstaben besteht und
ein anderes ebenfalls aus sechs, dann dürfen sie, wenn sie
auch in der Zahl der Buchstaben übereinstimmen, aber nicht
in der Form und Stellung derselben übereinstimmen, damit
sie verschieden sind, wie die Dinge verschieden sind, die
durch diese Wörter bezeichnet werden. Und die Verschie
denheit der Erkenntnisbilder führt uns zur Kenntnis der
Verschiedenheit der Dinge. Und mögen auch zwei Indivi-
duen in einer Mehrheit von Erkenntnisbildern übereinzu-
kommen scheinen, so ist es dennoch nicht möglich, daß sie
nicht in irgendwelchen anderen auch unterschieden sind[10].

16   K a p i t e l 6

Folgerichtig mußt du beachten, daß der Maulwurf kein
Sehvermögen zu haben braucht[1], weil er der Erkenntnis
sichtbarer Zeichen nicht bedarf, da er im Dunkel der Erde
das findet, was er sucht. Das gilt von allem in ähnlicher
Weise, nämlich daß alle Lebewesen so viele Erkenntnisbilder aus dem Sinnenfälligen schöpfen, wie ihnen für ihr
Wohlbefinden notwendig sind. Daher stimmen nicht alle
vollkommenen Sinnenwesen auch in der Zahl der Erkenntnisbilder und Zeichen überein, wenn sie auch in der Zahl
der Sinne übereinstimmen. Je andere Erkenntnisbilder
schöpft die Ameise, der Löwe, die Spinne, die Kuh, so wie
verschiedene Bäume aus dem gleichen Erdboden verschiedene Nährstoffe schöpfen, jeder den seiner Natur entsprechenden. Und die Vorstellungskraft des einen Sinnenwesens
macht aus den durch die Sinne empfangenen Erkenntnisbildern eine andere Vorstellung als ein anderes Sinnenwesen, und die Vorstellungskraft des einen Sinnenwesens
beurteilt Freundschaft oder Feindschaft, Zuträgliches oder
Abträgliches anders als die eines andern[2]. Daher schöpft der
Mensch aus den sinnenfälligen Zeichen solche Erkenntnisbilder, die seiner Natur entsprechen. Da er vernunfthafter
Natur ist, schöpft er Erkenntnisbilder, die dieser seiner
Natur entsprechen, um mit ihrer Hilfe richtig schlußfolgern
und die entsprechende leibliche und geistige Nahrung für

spiritui seu intellectui, sicut sunt differentes species decem 20
praedicamentorum, quinque universalium, quattuor virtu-
tum cardinalium et talium multorum, quae homini ratione
vigenti conveniunt.

171ʳ   Plures etiam | species per visum homo haurit quam bru- 17
tum animal, puta principaliter, quia sensus visus colorum
species, per quas coloratorum ut coloratorum differentias
attingit; et consequenter, quia sensus magnitudinis, longitu-
dinis et latitudinis, figurationis, motus, quietis, numeri, temporis et loci species, tot species solus homo ratione utens per
visum haurit. Ita per auditum species differentium sonorum,
gravium, acutorum, mediorum, cantuum, notarum et talium
sonorum, atque novem alias species communis sensus prae-
missas; ita de aliis sensibus. Trahitque ultra ex omnibus istis 10
sensibilibus speciebus vis ratiocinativa species variarum
artium, per quas supplet defectus sensuum, membrorum,
infirmitatum atque se iuvat ad resistendum corporalibus
nocumentis et ad expellendum ignorantiam et hebetudinem
mentis et confortandum ipsam, ut proficiat et fiat homo
speculator divinorum. Habetque cognatas species insensibilis virtutis, iusti et aequi, ut noscat, quid iustum, quid rectum, quid laudabile, quid pulchrum, quid delectabile et
bonum et illorum contraria, et eligat bona et fiat bonus, vir-
tuosus, prudens, castus, fortis et iustus.   20

Quae omnia consideranti ea, quae in mechanicis et libe- 18
ralibus artibus atque moralibus scientiis per hominem reperta sunt, patescunt. Nam solus homo repperit, qualiter

Körper und Geist oder Vernunft finden zu können. Dazu gehören die verschiedenen Erkenntnisbilder der zehn Kategorien[3], der fünf Universalien[4], der vier Kardinaltugenden[5] und dergleichen vieles, was dem Menschen, der im vollen Besitz seines Verstandes ist, zukommt.

17   Auch schöpft der Mensch durch den Gesichtssinn mehr Erkenntnisbilder als das unvernünftige Sinnenwesen, hauptsächlich zum Beispiel deshalb, weil der Gesichtssinn die Erkenntnisbilder der Farben schöpft, durch die er die Unterschiede des Farbigen als Farbigen erfaßt; und im Zusammenhang damit, weil der Sinn die Erkenntnisbilder von Größe, Länge und Breite, Gestalt, Bewegung, Ruhe, Zahl, Zeit und Ort schöpft[6]. So viele Erkenntnisbilder schöpft deshalb durch den Gesichtssinn nur der sich seines Verstandes bedienende Mensch[7]. So schöpft er durch das Gehör die Erkenntnisbilder der verschiedenen Töne, der tiefen, der hohen, der mittleren, sowie der Lieder, Einzeltöne und dergleichen Klänge, und dazu noch die neun anderen soeben erwähnten Erkenntnisbilder des Gemeinsinnes[8]. Das gleiche gilt von den übrigen Sinnen. Darüber hinaus zieht die Verstandeskraft aus allen diesen sinnenfälligen Erkenntnisbildern die Erkenntnisbilder der verschiedenen Künste hervor[9]. Durch sie schafft der Mensch einen Ausgleich für die Mängel in seiner Sinneswahrnehmung und an seinen Gliedmaßen und für Krankheiten. Und mit ihrer Hilfe wird er fähig, den schädlichen körperlichen Einwirkungen Widerstand zu leisten, die Unwissenheit und die Trägheit des Geistes zu beseitigen[10] und ihn zu fördern, daß er Fortschritte mache und der Mensch ein Betrachter des Göttlichen werde[11]. Ferner besitzt er die verwandten Erkenntnisbilder der nicht sinnenfälligen Tugend, von gerecht und billig, damit er erkenne, was gerecht, was richtig, was lobenswert, was schön, was erfreulich und gut und das entsprechende Gegenteil sei, und damit er das Gute wähle und selbst gut, tugendhaft, klug, keusch, tapfer und gerecht werde[12].

18   Das alles wird klar, wenn man betrachtet, was auf dem Gebiet der handwerklichen und der freien Künste[13] und im Bereich der sittlichen Erkenntnis durch den Menschen entdeckt worden ist. Denn nur der Mensch hat entdeckt, wie

defectum lucis ardenti candela suppleat, ut videat, et defi-
cientem visum beryllis iuvet et arte perspectiva errorem
circa visum corrigat, cruditatem cibi decoctione gustui aptet,
foetores fumis odoriferis pellat, frigori vestibus et igne atque
domo, tarditati vecturis et navibus, defensioni armis, me-
moriae scriptura arteque memorandi succurrat. Quae
omnia et plura talia animal brutum ignorat. Habet se enim   10
homo ut homo ad brutum ut doctus homo ad indoctum.
Doctus enim litteras alphabeti videt et similiter indoctus;
sed doctus ex varia illarum combinatione syllabas atque ex
syllabis dictiones et de illis orationes componit, quod indoctus facere nequit ob defectum artis, quae ab exercitato intellectu acquisita docto inest. Componere igitur et dividere
species naturales et ex illis facere intellectuales et artificiales
species et signa notionalia homo ex vi intellectuali habet,
qua bruta excellit et doctus homo indoctum, quia habet
exercitatum et reformatum intellectum.   20

Capitulum VII   19

Non mirum hominem aliquem adeo profecisse aut proficere posse longo tali exercitio, quod speciem aliquam eliciat
ex varia combinatione, quae sit multarum artium com-
plexiva, per quam multa simul comprehendat et intelligat,
puta varietatem naturalium per speciem, quam motum ap-
pellet, quando sine motu nihil fieri atque naturalem motum
a violento distingui videret, ideo motum naturae non esse a

man den Mangel an Licht mit Hilfe einer brennenden Kerze behebt, damit man sehen kann; wie man dem schwachwerdenden Gesichtssinn mit Brillen hilft[14] und wie man durch die Kunst der Perspektive eine optische Täuschung berichtigt, wie man unbekömmliche Speisen durch Kochen genießbar macht, üblen Geruch durch wohlriechende Düfte beseitigt, der Kälte durch Kleidung, Heizung und Wohnung steuert, der Langsamkeit der Fortbewegung durch Wagen und Schiffe abhilft, die Verteidigung durch Waffenrüstung, das Gedächtnis durch die Schrift und die Gedächtniskunst unterstützt[15]. Dies alles und vieles dieser Art kennt das vernunftlose Sinnenwesen nicht. Denn der Mensch als Mensch verhält sich zum Tier, wie ein belehrter Mensch zu einem unbelehrten. Der belehrte nämlich sieht die Buchstaben des Alphabets und ebenso der unbelehrte. Jedoch bildet der belehrte durch verschiedenartige Zusammenstellung der Buchstaben Silben und aus Silben Wörter und aus diesen Sätze[16]. Das kann der unbelehrte nicht, weil ihm die Kunst fehlt, die sich der belehrte durch Schulung seiner Vernunft erworben hat. Der Mensch vermag also durch die Kraft seiner Vernunft, die natürlichen Erkenntnisbilder zusammenzusetzen und zu trennen[17] und aus ihnen Erkenntnisbilder und Erkenntniszeichen der Vernunft und der Kunst zu schaffen[18]. Hierdurch überragt der Mensch die Tiere und der belehrte Mensch den unbelehrten, weil er über eine geschulte und gebildete Vernunft verfügt[19].

19   K a p i t e l 7

Es ist kein Wunder, daß ein Mensch durch lange derartige Schulung es soweit brachte oder bringen kann, daß er aus einer mannigfachen Kombination ein Erkenntnisbild herausholt, das viele Künste umfaßt und durch das er vieles zugleich begreift und versteht. So z. B. kann er den mannigfachen Wechsel der Naturdinge durch das Erkenntnisbild begreifen, das er Bewegung nennt, wenn er sieht, daß ohne Bewegung nichts geschieht[1] und daß die natürliche Bewegung von der gewaltsamen verschieden ist und daß darum

principio extrinseco, sicut in violento, sed intrinseco rei; ita
de aliis. Alius vero adhuc praecisiorem speciem magisque 10
fecundam reperire posset, uti ille, qui ex novem speciebus
principiorum speciem unam artis generalis omnium scibi-
lium nisus est extrahere. Sed super omnes qui unica specie,
quam verbum appellavit, omne intelligibile complexus est,
praecisissime punctum tetigit; est enim species artis omnia
formantis. Quid enim extra hanc speciem concipi, eloqui aut
scribi potest? Est enim verbum, «sine» quo «nihil factum
est» aut fieri potest; quoniam est expressio exprimentis et
expressi. Sicut loquentis locutio et quod loquitur verbum
est, et concipientis conceptio et quod concipit verbum est, et 20
scribentis scriptio et quod scribit verbum est, et creantis
creatio et quod creat verbum est, et formantis formatio et
quod format verbum est, et generaliter facientis factio et
factum verbum est. Verbum enim sensibile se et omnia sensibilia facit. Ideo et lux dicitur, quae se et omnia visibilia
facit. Dicitur et aequalitas; aeque enim se ad omnia habet,
cum non sit unum plus quam aliud, dans omnibus aequaliter, ut id sint, quod sunt, nec plus nec minus. Cum igitur
scientis scientia et scitum verbum sit, qui ad verbum se
convertit, quae scire cupit, citius invenit. Si igitur vis spe- 30
171ᵛ ciem haurire modi quomodo omnia | fiunt, respice, quomodo
fit vocale verbum. Primo quomodo sine aere nequaquam
fieri potest audibile. Aer autem ut aer nullo sensu attingitur.
Visus enim non videt aerem, sed aerem coloratum, uti experimur radio solis coloratum vitrum penetrante aerem colo-

die Bewegung der Natur nicht, wie bei der gewaltsamen, von einem außenstehenden[2], sondern von einem dem Ding immanenten Prinzip herkommt[3], und so bei anderem. Ein anderer aber könnte ein noch genaueres und fruchtbareres Erkenntnisbild entdecken, wie jener, der sich bemühte, aus neun Erkenntnisbildern der Prinzipien das eine Erkenntnisbild einer allgemeinen Kunst, die sich auf alles Wißbare erstreckt, zu gewinnen[4]. Über alle aber erhebt sich jener, der durch ein einziges Erkenntnisbild, das er das Wort nannte, alles geistig Erkennbare umfaßte[5]. Er hat den Punkt auf das genaueste getroffen. Denn es handelt sich hier um das Erkenntnisbild der Kunst, die alles formt[6]. Was kann nämlich außerhalb dieses Erkenntnisbildes begriffen, ausgesprochen oder geschrieben werden? Es ist nämlich das Wort, ohne das nichts geworden ist[7] noch werden kann, da es die Ausprägung des Ausprägenden und des Ausgeprägten ist. So ist das Sprechen des Sprechenden und was er spricht Wort; und das Begreifen des Begreifenden und was er begreift, ist Wort; und das Schreiben des Schreibenden und was er schreibt, ist Wort; und das Erschaffen des Erschaffenden und was er erschafft, ist Wort; und das Formen des Formenden und was er formt, ist Wort; und ganz allgemein, das Bewirken des Bewirkenden und das Bewirkte ist Wort. Denn das Wort macht sich sinnenfällig und ebenso alles andere. Deshalb wird es auch Licht genannt, das sich und alles andere sichtbar macht. Auch nennt man es Gleichheit; denn es verhält sich in gleicher Weise zu allem, da es nicht das eine mehr als das andere ist, vielmehr allen Dingen in gleicher Weise verleiht, das zu sein, was sie sind, weder mehr noch weniger[8]. Da also das Wissen des Wissenden und das Gewußte Wort sind, findet, wer sich dem Wort zuwendet, schneller, was er zu wissen wünscht. Willst du also ein Erkenntnisbild der Weise schöpfen, wie alles entsteht, so beachte, wie das stimmliche Wort entsteht. Zunächst, daß es ohne Luft überhaupt nicht hörbar werden kann. Die Luft aber als Luft wird von keinem Sinn erfaßt. Denn der Gesichtssinn sieht nicht die Luft, sondern die farbige Luft. So bestätigt uns die Erfahrung, daß, wenn ein Sonnenstrahl ein farbiges Glas durchdringt, die Luft farbig gesehen wird[9].

ratum videri. Nec auditus aerem attingit nisi sonantem. Nec
odoratus nisi olentem. Nec gustus nisi sapidum, ut dum est
ex contritione absinthii fortiter amaricatus, in gustu sentitur.
Nec tactus nisi calidum aut frigidum aut alias sensum immu-
tantem. Aer igitur ut aer nullo sensu attingitur, sed per acci- 40
dens venit in notitiam sensitivam. Adeo tamen est necessa-
rius auditui, quod sine ipso nihil audibile fieri potest. Oportet
igitur, ut similiter consideres omne, quod actu esse debet,
sive sensibile sive intelligibile, praesupponere aliquid, sine
quo non est; quod per se nec est sensibile nec intelligibile.
Et quia illud forma sensibili aut intelligibili caret, nosci nequit, nisi formetur, et non habet nomen. Dicitur tamen hyle,
materia, chaos, possibilitas sive posse fieri seu subiectum et
aliis nominibus.

Deinde attendendum quod, licet sine aere non fiat sensi- 20
bilis sonus, non tamen est aer de natura soni, sic nec hyle de
natura est cuiuscumque formae, nec est principium eius, sed
principium eius formator exsistit. Quamvis igitur sonus sine
aere fieri nequeat, non est propterea de natura aeris. Pisces
enim et homines extra aerem in aqua sonum percipiunt;
quod non esset, si de natura aeris foret. Post advertendum
hominem vocalis verbi formatorem, quomodo non format
verbum ut animal brutum, sed ut habens mentem, qua bruta
carent. Mens igitur formator verbi cum non formet verbum, 10
nisi ut se manifestet, tunc verbum non est nisi mentis ostensio. Nec varietas verborum aliud est quam unius mentis
varia ostensio. Conceptio autem, qua mens se ipsam concipit, est verbum a mente genitum, scilicet sui ipsius co-

Und der Gehörssinn erfaßt die Luft nur, wenn sie tönt. Der Geruchssinn erfaßt nur die Luft, die Geruch verbreitet, und der Geschmackssinn nur die schmeckbare Luft; so z. B. nimmt der Geschmackssinn die Luft wahr, wenn sie durch Zerreibung von Wermut stark bitter wurde. Der Tastsinn erfaßt die Luft nur, wenn sie warm oder kalt ist oder sonstwie auf den Sinn verändernd einwirkt. Die Luft als Luft wird also von keinem Sinn erfaßt, sondern gelangt nur auf Grund von etwas Zufallendem in die Kenntnis der Sinne[10]. Dennoch ist sie für das Hören so notwendig, daß ohne sie nichts hörbar werden kann. In ähnlicher Weise mußt du nun erwägen, daß alles, was wirklich sein soll, sei es sinnenfällig oder geistig erkennbar, etwas voraussetzt, ohne das es nicht ist; das ist aber durch sich weder sinnenfällig noch geistig erkennbar. Und weil dieses der sinnenfälligen oder der geistig erkennbaren Form entbehrt, kann es nur erkannt werden, wenn es geformt wird. Es hat keinen Namen. Dennoch wird es Hyle[11], Materie, Chaos[12], Möglichkeit oder Werdenkönnen[13] oder Zugrundeliegendes und noch anders genannt.

20   Sodann ist zu beachten: Mag auch ohne Luft kein sinnenfälliger Ton entstehen, so gehört doch die Luft nicht zur Natur des Tones, wie auch die Hyle nicht zur Natur irgendeiner Form gehört, und nicht sie ist deren Prinzip, sondern ihr Prinzip ist der Formgeber. Obwohl also ein Ton ohne Luft nicht entstehen kann, gehört er deswegen nicht zur Natur der Luft. Fische nämlich und Menschen nehmen außerhalb der Luft im Wasser den Ton wahr[14]. Das würde aber nicht der Fall sein, wenn der Ton zur Natur der Luft gehörte[15]. Sodann ist zu beachten[16], daß der Mensch, der das stimmliche Wort formt, dieses nicht wie das vernunftlose Sinnenwesen formt, sondern als ein Wesen, das Geist besitzt, der den Tieren fehlt. Da also der Geist, der das Wort formt, dieses nur formt, um sich kundzutun, ist das Wort nichts anderes als die Offenbarung des Geistes. Und die Mannigfaltigkeit der Worte ist nichts anderes als die mannigfache Offenbarung des einen Geistes. Das Begreifen aber, durch das der Geist sich selbst begreift, ist das vom Geist gezeugte Wort, nämlich die Erkenntnis seiner selbst. Das

gnitio. Verbum autem vocale est illius verbi ostensio. Omne
autem, quod dici potest, non est nisi verbum.

Ita de formatore omnium conceptum facito ut de mente. 21
Quodque ipse in verbo de se genito se cognoscit atque in
creatura, quae est increati verbi signum, se ostendit in variis
signis varie, et nihil esse potest, quod non sit signum osten-
sionis geniti verbi. Et sicut mens nolens se amplius ostendere
a verbi vocalis prolatione cessat et, nisi indesinenter profe-
rat, exsistere nequit, sic se habet creatura ad creatorem.
Cuncta autem alia, sine quibus vocale verbum bene fieri
nequit, quae Musae dicuntur, ad finem vocalis verbi ordinata mentis manifestationi serviunt. Pariformiter sunt crea- 10
turae, quae sunt notae et ostensiones interni verbi, et sunt
creaturae illis ad finem servientes.

Capitulum VIII   22

Est igitur animal perfectum, in quo sensus et intellectus,
considerandum ut homo cosmographus habens civitatem
quinque portarum quinque sensuum, per quas intrant nuntii
ex toto mundo denuntiantes omnem mundi dispositionem
hoc ordine, quod qui de luce et colore eius nova portant, per
portam visus intrent; qui de sono et voce, per portam auditus; qui de odoribus, per portam odoratus; et qui de sapori-
bus, per portam gustus; et qui de calore, frigore et aliis
tangibilibus, per portam tactus. Sedeatque cosmographus et 10
cuncta relata notet, ut totius sensibilis mundi descriptionem
in sua civitate habeat designatam. Verum si porta aliqua

stimmliche Wort aber ist die Offenbarung jenes geistigen
Wortes. Alles aber, was gesprochen werden kann, ist nichts
als Wort.

21 So bilde dir einen Begriff vom Former aller Dinge, entsprechend dem, wie du ihn vom Geist bildest[17]. Und denke
dir, daß er sich in dem von ihm gezeugten Wort erkennt
und sich in der Schöpfung, die Zeichen des unerschaffenen
Wortes ist, durch mannigfache Zeichen auf mannigfache
Weise offenbart. Und nichts kann sein, was nicht Zeichen
der Offenbarung des gezeugten Wortes wäre. Und wie der
Geist, wenn er sich nicht weiter offenbaren will, aufhört, ein
stimmliches Wort hervorzubringen, und dieses gar nicht
bestehen kann, wenn er es nicht ununterbrochen hervor-
bringt, so verhält sich das Geschöpf zum Schöpfer. Alles
andere aber, ohne das ein stimmliches Wort nicht in guter
Weise entstehen kann, welches Musen[18] genannt wird, ist
auf das Ziel des stimmlichen Wortes ausgerichtet und dient
damit dem Sichkundtun des Geistes. In gleicher Weise gibt
es Geschöpfe, die Kennzeichen und Offenbarungen des inneren Wortes sind, und es gibt Geschöpfe, die den erstgenann-
ten zu deren Ziel dienen[19].

22 Kapitel 8

Das vollkommene Sinnenwesen, das Sinne und Vernunft
besitzt, ist also wie ein Kosmograph[1] zu betrachten, der eine
Stadt mit fünf Toren, nämlich den fünf Sinnen, besitzt,
durch welche Boten aus der ganzen Welt eintreten und vom
gesamten Aufbau der Welt berichten, und zwar in folgender
Ordnung: Die Boten, welche von Licht und Farbe in der
Welt Neues bringen, treten durch das Tor des Gesichtssinnes
ein; die von Laut und Stimme durch das Tor des Gehörs;
die von Gerüchen durch das Tor des Geruchssinnes; die von
Geschmack durch das Tor des Geschmackssinnes; und die von
Wärme, Kälte und anderem Tastbaren künden, treten durch
das Tor des Tastsinnes ein. Der Kosmograph sitzt da und
zeichnet alle Berichte auf, damit er die Beschreibung[2] der
gesamten sinnenfälligen Welt in seiner Stadt aufgezeichnet

civitatis suae semper clausa remansit, puta visus, tunc quia
nuntii visibilium non habuerunt introitum, defectus erit in
descriptione mundi. Non enim faciet descriptio mentionem
de sole, stellis, luce, coloribus, figuris hominum, bestiarum,
arborum, civitatum et maiori parte pulchritudinis mundi. Sic
si porta auditus clausa mansit, de loquelis, cantibus, melo-
diis et talibus nihil descriptio contineret. Ita de reliquis.
Studet igitur omni conatu omnes portas habere apertas et 20
continue audire novorum semper nuntiorum relationes et
descriptionem suam semper veriorem facere.

172ʳ   Demum quando | in sua civitate omnem sensibilis mundi 23
fecit designationem, ne perdat eam, in mappam redigit bene
ordinatam et proportionabiliter mensuratam convertitque se
ad ipsam nuntiosque amplius licentiat clauditque portas et
ad conditorem mundi internum transfert intuitum, qui nihil
eorum est omnium, quae a nuntiis intellexit et notavit, sed
omnium est artifex et causa. Quem cogitat sic se habere ad
universum mundum anterioriter, sicut ipse ut cosmographus
ad mappam, atque ex habitudine mappae ad verum mundum speculatur in se ipso ut cosmographo mundi creatorem, 10
in imagine veritatem, in signo signatum mente contem-
plando. In qua speculatione advertit nullum brutum animal,
licet similem videatur habere civitatem, portas et nuntios,
mappam talem facere potuisse. Et hinc in se reperit primum
et propinquius signum conditoris, in quo vis creativa plus
quam in aliquo alio noto animali relucet. Intellectuale enim
signum primum et perfectissimum est omnium conditoris,
sensibile vero ultimum. Retrahit igitur se quantum potest ab

besitze. Wenn aber ein Tor seiner Stadt, z. B. das des Gesichtssinnes, immer geschlossen blieb, wird die Beschreibung der Welt mangelhaft ausfallen, weil die Boten des Sichtbaren keinen Eingang fanden. Denn die Beschreibung wird nichts erwähnen von Sonne, Sternen, Licht und Farben, nichts von den Gestalten der Menschen, Tiere, Bäume und Städte und nichts vom größeren Teil der Schönheit der Welt. Wenn das Tor des Gehörssinnes geschlossen blieb, würde die Beschreibung ebenso nichts enthalten von Sprachen, Liedern, Melodien und dergleichen. Dasselbe träfe bei den übrigen Sinnen zu. Daher bemüht sich der Kosmograph mit allem Eifer, alle Tore offenzuhalten und ständig die Berichte von immer neuen Boten zu vernehmen und seine Beschreibung immer wahrer zu gestalten.

23   Wenn er schließlich in seiner Stadt eine Gesamtaufnahme der sinnenfälligen Welt fertiggestellt hat, trägt er sie, um ihrer nicht verlustig zu gehen, in rechter Ordnung und in den entsprechenden Größenverhältnissen auf eine Karte[3] ein. Sodann wendet er sich dieser Karte zu, entläßt die Boten für die Folgezeit und schließt die Tore. Nun lenkt er seinen inneren Blick zum Schöpfer der Welt, der nichts von alledem ist, was der Kosmograph durch Vermittlung der Boten verstand und aufzeichnete; er ist vielmehr der Werkmeister und die Ursache von allem. Nach der Auffassung des Kosmographen verhält er sich in vorgängiger Weise[4] so zur ganzen Welt, wie er selbst als Kosmograph zur Karte, und entsprechend dem Verhältnis der Karte zur wahren Welt betrachtet er in sich selbst als dem Kosmographen den Schöpfer der Welt und schaut so mit seinem Geiste die Wahrheit im Bilde und im Zeichen den Bezeichneten[5]. Bei dieser Betrachtung wird er gewahr, daß kein vernunftloses Sinnenwesen eine solche Karte entwerfen konnte, wenn es auch eine ähnliche Stadt, Tore und Boten zu besitzen scheint. Und daher entdeckt er in sich selbst das erste und nächste Zeichen des Schöpfers, in dem die schöpferische Kraft mehr als in irgendeinem andern bekannten Sinnenwesen aufleuchtet. Das geistige Zeichen nämlich ist das erste und vollkommenste Zeichen des Schöpfers von allem, das sinnenfällige aber das letzte[6]. Also zieht er sich soweit wie

omnibus sensibilibus signis ad intelligibilia simpliciaque
atque formalia signa. 20

Et quomodo in illis splendet lux aeterna et inaccessibilis 24
omni acumine mentalis visus, attentissime advertit, ut videat
incomprehensibilem aliter quam incomprehensibili essendi
modo videri non posse atque ipsum, qui est omni modo
comprehensibili incomprehensibilis, omnium, quae sunt,
⟨esse⟩ essendi formam, quae in omnibus, quae sunt, manens
incomprehensibilis in intellectualibus signis ut «lux in tenebris lucet», a quibus nequaquam comprehenditur, quasi una
facies in diversis politis speculis varie apparens nullo speculo quantumcumque polito inspeculatur, incorporatur seu 10
immateriatur, ut ex ipsa facie et speculo aliquod unum com-
positum ex utroque fiat, cuius forma sit facies et speculum
materia, sed in se manens una varie se ostendit, ut hominis
intellectus in suis variis artibus et ex variis artium productis
in se unus et invisibilis manens varie se visibiliter manifestat,
licet in omnibus illis maneat omni sensui penitus incognitus.
Hac speculatione dulcissime pergit contemplator ad sui et
omnium causam, principium et finem, ut feliciter concludat.

Capitulum IX 25

Sunt igitur haec pauca facilia et sufficientia speculationi
tuae, cum sis simplex. Quod si subtiliora indagare proponis,
de elementis ad partes soni respice et litteras illas partes
designantes, quarum aliae sunt vocales, aliae mutae, aliae
semivocales, aliae liquidae, et quomodo ex illis fit syllabarum
et dictionum combinatio, ex quibus oratio, ac quod oratio est

möglich von allen sinnenfälligen Zeichen zurück, um sich
den geistigen, einfachen und formhaften Zeichen zuzu-
wenden.

24   Und mit größter Aufmerksamkeit nimmt er wahr, daß in
jenen Zeichen das ewige Licht[7] aufleuchtet, das allem Scharfsinn geistiger Schau unzugänglich[8] ist, so daß er einsieht, daß
der Unfaßbare nicht anders als in unfaßbarer Weise des
Seins geschaut werden kann und daß er, der auf jede faßbare Weise unfaßbar ist[9], von allem, was ist, die Form des
Seins[10] ist, welche in allem, was ist, unfaßbar bleibt und
doch in den geistigen Zeichen wie das Licht in der Finster-
nis leuchtet, von der es aber keineswegs begriffen wird[11],
ähnlich wie ein einziges Antlitz in verschiedenen polierten
Spiegeln auf verschiedene Weise erscheint[12], aber doch
keinem noch so polierten Spiegel eingespiegelt, eingekörpert
oder eingestofft wird, so daß aus dem Antlitz und dem Spiegel ein Einziges würde, das aus beiden zusammengesetzt
wäre und dessen Form das Antlitz, dessen Stoff der Spiegel
wäre. Vielmehr bleibt das Antlitz in sich eins, zeigt sich aber
auf verschiedene Weise. So bleibt auch die Vernunft des
Menschen in sich eins und unsichtbar, stellt sich aber in
ihren verschiedenen Künsten und durch ihre verschiedenen
Kunsterzeugnisse auf verschiedene Weise sichtbar dar, wenn
sie auch bei allem diesen für jeden Sinn gänzlich unerkannt
bleibt. Durch diese Betrachtung dringt der Beschauer zu
seiner größten Freude bis zur Ursache, zum Ursprung und
Ziel seiner selbst und aller Dinge vor, um glücklich abzu-
schließen.

25   Kapitel 9

    Diese wenigen Ausführungen also sind leicht faßbar und
genügen für deine Betrachtung, da du ein einfacher Mensch
bist. Willst du aber Schwierigeres erforschen, so blicke von
den Lautelementen auf die Teile des Lautes und auf die
Buchstaben, die jene Teile bezeichnen[1], unter denen die
einen Vokale sind, andere sind Muten, andere Halbvokale,
andere Liquiden. Und beachte, daß aus diesen Buchstaben
Silben und Wörter zusammengestellt werden, aus denen

intentum. Ita quae a natura sunt, procedunt ab elementis ad
intentum naturae. Oratio enim est rei designatio seu definitio. Hoc quaternario ab imperfecto ad perfectum perve- 10
nitur. Et quae de hoc philosophice tractari possunt, sufficienter in progressu artis huius venari poterunt. Nam in
natura reperiuntur combinationes pulchrae et ornatae et ho-
minibus gratae. Sic et ⟨in⟩ dicendi arte et vocum concordantia quaedam contrario se habent modo in utraque.

Facit igitur homo suas considerationes circa talia et scien- 26
tiam rerum facit ex signis et vocabulis, sicut deus mundum
ex rebus, et ultra de ornatu et concordantia et pulchritudine
atque vigorositate et virtute orationis artes addit vocabulis
naturam imitando. Ita grammaticae addit rhetoricam, poe-
sim, musicam, logicam et alias artes, quae omnes artes signa
sunt naturae. Sicut enim mens sonum in natura repperit et
artem addidit, ut omnia signa rerum in sono poneret, ita
concordantiae, quam in natura repperit, in sonis artem addidit musicae omnes concordantias designandi. Et ita de 10
reliquis.

Considerationes enim, quas otiosi sapientes in natura esse 27
reppererunt, conati sunt per aequalitatem rationis in com-
munem artem perducere; ut quando experti sunt certarum
notarum concordantias ex habitudine illarum ad pondera
172ᵛ malleo|rum concordantes notas in incude facientium per-
venerunt, et demum in organis et chordis proportionabiliter
magnis et parvis idem invenerunt et concordantias atque
discordantias in natura in artem deduxerunt. Et hinc haec
ars, cum apertius naturam imitetur, gratior est et conatum

wiederum die Rede entsteht, und daß die Rede das Beabsichtigte ist[2]. So schreitet das, was von Natur ist, von den Elementen fort zu dem von der Natur Beabsichtigten. Die Rede nämlich ist die Bezeichnung oder Definition eines Sachverhaltes. Durch diese vier gelangt man vom Unvollkommenen zum Vollkommenen. Und was hierüber philosophisch erörtert werden kann, wird zur Genüge bei fortschreitender Entwicklung dieser Kunst erjagt[3] werden können. Denn in der Natur findet man schöne, geschmackvolle und die Menschen erfreuende Kombinationen. So verhält sich in beiden Künsten, sowohl in der Sprechkunst wie auch beim mehrstimmigen Gesang, einiges nach der Weise des Gegensatzes zueinander.

26   Der Mensch stellt also seine Betrachtungen über derartiges an und formt sein Wissen von den Dingen aus Zeichen und Wörtern, so wie Gott die Welt aus den Dingen aufbaut[4]. Und überdies, was Schmuck, Wohlklang, Schönheit, Stärke und Kraft der Rede betrifft, so fügt er zu den Wörtern die Künste hinzu. Hierbei ahmt er die Natur nach[5]. So fügt er zu der Grammatik die Redekunst, die Dichtkunst, die Musik, die Logik und andere Künste hinzu. Alle diese Künste sind Zeichen der Natur. Wie nämlich der Geist den Laut in der Natur vorfand und dann die Kunst hinzufügte, alle Zeichen der Dinge im Laut wiederzugeben, so fügte er zu dem Wohlklang, den er in der Natur vorfand, im Bereich der Töne die Kunst der Musik hinzu, jeden Wohlklang zu bezeichnen. Das gleiche trifft bei den übrigen Künsten zu.

27   Was nämlich die der Wissenschaft dienenden Weisen in der Natur vorfanden, diese Beobachtungen versuchten sie durch die in der Vernunft angelegte Gleichheit in eine allgemeine Kunst zu überführen[6]. Wenn sie z. B. die Wohlklänge bestimmter Töne feststellten, gelangten sie durch deren Verhältnis ⟨zueinander⟩[7] zu dem Gewicht von Hämmern, welche die wohlklingenden Töne auf dem Amboß hervorbringen. Und schließlich fanden sie bei den in bestimmten Verhältnissen großen und kleinen Orgelpfeifen und Saiten dasselbe. Wohlklänge und Mißklänge, in der Natur entdeckt, überführten sie in eine Kunst[8]. Und deshalb ist diese Kunst lustvoller, da sie die Natur offenkundi-

naturae concitat et adiuvat in motu vitali, qui est concor- 10
dantiae seu complacentiae motus, qui laetitia dicitur. Fun-
datur igitur omnis ars in consideratione per sapientem in
natura reperta, quam praesupponit, quia causam eius propter quid ignorat; sed invento addit artem per speciem similitudinis dilatando, quae est ratio artis naturam imitantis.

C a p i t u l u m X   28

Nunc elicias. Si quam artem invenisti et illam in scriptis
tradere conaris, opus habes, ut verba proposito apta prae-
mittas et significata eorum iuxta tuam mentem declares. Hoc
quidem est principale. Et quoniam verbum in illis vocabulis
signatum ars est, quam enodare proponis, totum studium
versabitur, ut per ipsa vocabula, quanto praecisius potes,
doceas, quae mente concepisti. Definitio enim, quae scire
facit, est explicatio eius, quod in vocabulo complicatur. Et
ad hoc in omni studio librorum principalem operam adhi- 10
beas, ut interpretationem vocabulorum iuxta mentem scribentis attingas, et cuncta facile apprehendes scripturasque
concordabis, quas sibi contradicere putabas. Hinc distinc-
tiones terminorum multum conferunt ad variarum scriptu-
rarum concordiam, si distinguens non errat. Et tunc minus
deviat, quando ad aequalitatem reducere satagit.

Adiciam tibi unam quam habui considerationem circa 29
speciem notitiae principii. Hoc enim oportet esse principium,
quo nihil prius nec potentius. Sola potentia, quae praecisam
sui aequalitatem generat, maior esse nequit. Haec enim
omnia in se unit. Capio igitur terminos quattuor, puta posse,

ger nachahmt, und sie steigert und fördert die Anstrengung der Natur in jener lebendigen Bewegung, die eine Bewegung des Wohlklangs oder des Wohlgefallens ist und Freude heißt. Jede Kunst gründet also in einer Beobachtung, welche der Weise in der Natur macht. Die Natur setzt er voraus, weil er ihren Wesensgrund nicht kennt. Dem Entdeckten aber fügt er eine Kunst hinzu, indem er es durch die begrifflich erfaßte Ähnlichkeit ausweitet. Auf diesem Ähnlichkeitsbegriff beruht das Wesen der die Natur nachahmenden Kunst[9].

28   K a p i t e l   1 0

Nun folgere weiter. Wenn du eine Kunst erfunden hast und sie schriftlich weiterzugeben versuchst, mußt du deinem Vorhaben entsprechende Worte vorausschicken und ihre Bedeutung gemäß deinem Geist erklären. Dies ist die Hauptsache. Und weil das in jenen ⟨geschriebenen⟩ Wörtern bezeichnete Wort die Kunst ist, die du entwickeln willst, wird dein ganzes Bemühen darauf hinausgehen, durch die Wörter so genau, wie nur möglich, zu lehren, was du in deinem Geist erfaßt hast. Die Definition[1] nämlich, die Wissen bewirkt, ist die Ausfaltung dessen, was im Wort eingefaltet ist[2]. Und darauf muß sich bei jedem Bücherstudium dein Hauptaugenmerk richten, daß du die Worterklärung gemäß dem Geist des Schriftstellers vornimmst; und dann wirst du alles leicht begreifen und die Texte, die, wie du glaubtest, sich widersprachen, miteinander in Einklang bringen. Daher tragen die Unterscheidungen der Begriffe viel zur Harmonisierung verschiedener Texte bei, vorausgesetzt, daß man beim Unterscheiden keinen Fehler begeht. Und dann geht man weniger in die Irre, wenn man sich bemüht, die verschiedenen Texte auf die Gleichheit zurückzuführen[3].

29   Ich lasse nun für dich eine Betrachtung folgen, die ich über die Art der Ursprungserkenntnis machte[4]. Ursprung nämlich muß das sein, im Vergleich zu dem es nichts Früheres oder Mächtigeres gibt[5]. Nur die Macht, die eine genaue Gleichheit ihrer selbst zeugt, kann nicht größer sein[6]. Denn sie eint alles in sich[7]. Ich fasse also vier Begriffe ins Auge.

aequale, unum et simile. Posse dico, quo nihil potentius; aequale, quod eiusdem naturae; unum ab ipsis procedens; et simile, quod est principii sui repraesentativum. Ipso posse nihil prius esse potest. Quid enim posse anteiret, si anteire non posset? Posse igitur, quo nihil potentius aut prius esse 10 potest, utique est principium omnipotens. Est enim ante esse et non esse. Nihil enim est, nisi esse possit, nec non est, si non esse non potest. Atque praecedit facere et fieri. Nihil enim facit, quod facere non potest, aut fit, quod fieri non potest. Sic vides posse ante esse et non esse, ante facere et fieri; et ita de omnibus. Nullum autem omnium, quae hoc ipsum posse non sunt, sine ipso nec esse potest nec cognosci. Quaecumque igitur aut esse aut cognosci possunt, in ipso posse complicantur et eius sunt.

Aequale autem, cum non possit esse, nisi sit ipsius posse, 30 erit prius omnibus, sicut posse, cuius est aequale. In aequalitate sua ostendit se posse potentissimum. Nam de se sui ipsius posse aequalitatem generare supremum potentiae est. Posse igitur, quod se aequaliter ad contradictoria habet, ut non possit plus unum quam aliud, per aequalitatem suam se aequaliter habet. Procedit autem ex posse et aequalitate eius unio potentissima. Potentia enim seu virtus unita fortior est. Unio igitur ipsius, quo nihil potentius, et eius aequalitatis non est minor ipsis, a quibus procedit. Et ita videt mens 10 posse, eius aequalitatem et utriusque unionem esse unicum principium potentissimum, aequalissimum et unissimum. Patet satis quod posse aequaliter unit omnia, complicat et explicat.

nämlich das Können, das Gleiche, das Eine und das Ähnliche[8]. Das Können nenne ich das, im Vergleich zu dem es nichts Mächtigeres gibt; das Gleiche das, was von derselben Natur ist; das Eine das, was aus ihnen hervorgeht; und das Ähnliche das, was Darstellung seines Ursprungs ist. Im Vergleich zum Können kann es nichts Früheres geben. Was nämlich sollte dem Können vorausgehen, wenn es nicht vorausgehen könnte[9]? Das Können also, im Vergleich zu dem nichts mächtiger oder früher sein kann, ist sicherlich allmächtiger Ursprung. Es ist nämlich vor dem Sein und dem Nichtsein. Denn nichts ist, wenn es nicht sein könnte[10], und nichts ist nicht, wenn es nicht nicht sein kann. Ferner geht das Können dem Machen und Werden voraus. Denn nichts macht, was nicht machen kann, oder wird, was nicht werden kann[11]. So siehst du das Können vor dem Sein und Nichtsein, vor dem Machen und Werden und so weiter[12]. Nichts aber von allem, das dieses Können selbst nicht ist, kann ohne es sein oder erkannt werden[13]. Was also auch immer sein oder erkannt werden kann, ist im Können selbst eingefaltet[14] und gehört ihm.

30   Da das Gleiche aber nur sein kann, wenn es dem Können gleich ist, muß es früher sein als alles andere, wie das Können, dem es gleich ist. In seiner Gleichheit zeigt sich das Können als im höchsten Grade mächtig. Denn aus sich die Gleichheit seiner selbst zeugen zu können, bedeutet ein Höchstmaß an Macht. Das Können also, das sich in gleicher Weise zu Entgegengesetztem verhält, so daß es das eine nicht mehr kann als das andere, verhält sich auf Grund seiner Gleichheit in gleicher Weise[15]. Aus dem Können und seiner Gleichheit aber geht die Einigung hervor, die in höchstem Grade mächtig ist. Denn die geeinte Macht oder Kraft ist stärker[16]. Also ist die Einigung dessen, im Vergleich zu dem es nichts Mächtigeres gibt, und seiner Gleichheit nicht geringer als jene, von denen sie ausgeht. Und so sieht der Geist, daß das Können, seine Gleichheit und die Einigung beider ein einziger Ursprung sind, der im höchsten Grade mächtig, gleich und eins ist. So erhellt zur Genüge, daß das Können alles in gleicher Weise eint, einfaltet und ausfaltet[17].

Quidquid igitur facit, per aequalitatem facit, et si creat, 31
per ipsam creat, et si ostendit, per ipsam se ostendit. Non
facit autem posse ipsum per aequalitatem se ipsum, cum
non sit prius se ipso, nec facit per aequalitatem dissimile.
Non enim aequalitas forma est dissimilitudinis et inaequalis.
Id igitur, quod facit, simile est. Quidquid igitur est et non
est ipsum principium, necesse est quod sit ipsius similitudo,
cum aequalitas, quae non recipit magis et minus, non sit
multiplicabilis seu variabilis sive alterabilis, sicut nec singulare; non enim est singularitas aliud quam aequalitas. 10

173ʳ Obiectum igitur omnis potentiae cogniti|vae non potest 32
esse nisi ipsa aequalitas, quae se in sua similitudine ostendere potest. Unde obiectum sensitivae cognitionis non est
nisi aequalitas, sic et imaginativae atque etiam intellectivae.
Naturaliter potentia suum cognoscit obiectum. Cognitio vero
fit per similitudinem. Hinc omnium potentiarum cognitiva-
rum aequalitas obiectum est, cuius similitudo ponit omnes
potentias cognitivas in actu. Naturaliter enim intellectu
vigentes aequalitatem esse vident, cuius similitudo est in
intellectu, sicut visus coloratum, cuius similitudo seu species 10
est in visu. Similitudo autem omnis est aequalitatis species
seu signum. Aequalitas visui obicitur, quae in specie coloris
videtur et in auditu in specie soni auditur; et ita de reliquis.

Propinquius tamen in imaginatione, quia non in specie 33
qualitatis, sed quantitatis aequalitas imaginabilis est. Et
haec species propinquiorem habet aequalitatis similitudinem. In intellectu vero non per similitudinem speciebus
qualitatis aut quantitatis involutam, sed simplicem et puram
intelligibilem speciem seu nudam similitudinem aequalitas

31   Was immer also das Können macht, macht es durch die
Gleichheit; und wenn es erschafft, erschafft es durch sie; und
wenn es offenbart, offenbart es sich durch sie. Nicht aber
macht das Können selbst durch die Gleichheit sich selbst,
da es nicht früher als es selbst ist[18], noch macht es durch die
Gleichheit Unähnliches. Denn die Gleichheit ist nicht die
Form der Unähnlichkeit und des Ungleichen. Was also das
Können macht, ist Ähnliches. Was immer also ist und nicht
der Ursprung selbst ist, ist notwendigerweise dessen Ähnlichkeit[19], da die Gleichheit, die kein Mehr und Weniger
zuläßt, nicht vervielfältigt oder verändert werden oder verschieden werden kann, ebensowenig wie Einzelnes; denn
die Einzigartigkeit ist nichts anderes als Gleichheit[20].

32   Also kann Gegenstand jedes Erkenntnisvermögens nur
die Gleichheit selbst sein, die sich in ihrer Ähnlichkeit offenbaren kann. Daher ist nur die Gleichheit Gegenstand der
sinnlichen wie auch der vorstellenden und der vernunft-
haften Erkenntnis. Von Natur erkennt das Vermögen den
ihm entsprechenden Gegenstand. Erkenntnis aber kommt
durch Ähnlichkeit zustande[21]. Daher ist Gegenstand aller
Erkenntnisvermögen die Gleichheit, deren Ähnlichkeit alle
Erkenntnisvermögen in die Wirklichkeit überführt. Von Natur aus nämlich sehen die ein, welche im vollen Besitz ihrer
Vernunft sind, daß es die Gleichheit gibt, deren Ähnlichkeit
in der Vernunft ist, wie der Gesichtssinn sieht, daß es Farbiges gibt, dessen Ähnlichkeit oder Erkenntnisbild im Gesichtssinn ist. Jede Ähnlichkeit aber ist Erkenntnisbild oder
Zeichen der Gleichheit. Die Gleichheit wird Gegenstand des
Gesichtssinnes; sie wird im Erkenntnisbild der Farbe geschaut und im Gehörssinn im Erkenntnisbild des Tones gehört. Entsprechendes gilt von den übrigen Sinnen.

33   Näher jedoch kommt man der Gleichheit in der Vorstellungskraft. Denn die Gleichheit ist nicht im Erkenntnisbild
der Qualität, sondern in dem der Quantität vorstellbar. Und
dieses Erkenntnisbild hat eine der Gleichheit nähere Ähnlichkeit. In der Vernunft aber wird die Gleichheit nicht erreicht durch eine Ähnlichkeit, die in die Erkenntnisbilder der
Qualität oder der Quantität eingehüllt ist, sondern durch
ein einfaches, reines, vernunfthaftes Erkenntnisbild oder

attingitur. Et videtur aequalitas ipsa una, quae est omnium
rerum essendi et cognoscendi forma in varia similitudine
varie apparens. Et eius singularem apparitionem, quam rem
singularem appellamus, in eius splendore humana mens 10
naturaliter in se ipsa intuetur tamquam viva et intelligens
eius apparitio. Non est enim humana mens nisi signum
coaequalitatis illius quasi prima apparitio cognitionis, quam
propheta «lumen vultus» dei «super nos signatum» appellat.

Hinc homo naturaliter bonum, aequum, iustum et rectum, 34
quia splendores aequalitatis, cognoscit; legem illam 'quod
tibi vis fieri, alteri fac', laudat, quia est splendor aequalitatis. Cibus enim vitae intellectualis ex talibus est virtutibus;
quare non ignorat ipsam pastus sui refectionem. Sicut visus
sensibilis ad sensibilem lucem se habet, ita visus mentis ad
hanc intelligibilem lucem. Nam lux sensibilis, illius intelligibilis imago, similitudinem aequalitatis habet, cum nihil
inaequale in ipsa luce videatur. Hoc certum quod sicut
visus sensibilis nihil sentit nisi lucem et lucis apparentiam 10
in signis suis neque quidquam aliud esse iudicat, quin immo
constanter affirmat sublata luce nil penitus manere — pasci-
tur enim videre ex illis —, ita et mentis visus nihil sentit
quam intelligibilem lucem sive aequalitatem et eius apparitionem in signis suis atque verissime profitetur quod hac
luce sublata nihil nec esse nec intelligi potest. Quomodo
enim sublata aequalitate staret intellectus, cuius intelligere
in adaequatione consistit, quae utique desineret aequalitate
sublata? Nonne veritas sublata foret, quae est adaequatio
rei ad intellectum aut aequatio rei et intellectus? Nihil 20

eine unverhüllte Ähnlichkeit[22]. Und die eine Gleichheit selbst wird geschaut, die Seins- und Erkenntnisform aller Dinge ist[23] und in verschiedener Ähnlichkeit auf verschiedene Weise erscheint[24]. Und ihre Einzelerscheinung, die wir Einzelding nennen, schaut der menschliche Geist von Natur aus in ihrem Abglanz in sich selbst als ihre lebendige und vernunfthaft erkennende Erscheinung[25]. Denn der menschliche Geist ist nichts anderes als das Zeichen jener Gleichheit, gleichsam die erste Erscheinung der Erkenntnis[26], welche der Prophet das Licht des Antlitzes Gottes, das über uns gezeichnet ist, nennt[27].

34   Daher erkennt der Mensch von Natur aus das Gute, das Gleiche, das Gerechte und Richtige[28], weil dies alles Abglanz der Gleichheit ist; und er erkennt jenes Gesetz an: „Was du willst, daß man dir tu, das tu auch dem andern!"[29], weil es ein Abglanz der Gleichheit ist. Denn das vernunfthafte Leben bezieht seine Nahrung aus solchen Tugenden; deshalb kennt es die Erquickung, die ihm seine Nahrung schenkt[30]. Wie sich das sinnliche Sehen zum sinnenfälligen Licht verhält, so verhält sich das Sehen des Geistes zu diesem geistigen Licht[31]. Denn als Abbild dieses geistigen Lichtes[32] hat das sinnenfällige Licht Ähnlichkeit mit der Gleichheit, da nichts Ungleiches im Lichte selbst geschaut wird. Folgendes ist gewiß: Das sinnliche Sehen nimmt nur das Licht und des Lichtes Erscheinen in seinen Zeichen wahr und urteilt, daß es nichts anderes gibt, ja es behauptet sogar fest, daß bei Fortfall des Lichtes überhaupt nichts mehr zurückbleibe — das Sehen wird ja durch jene Gegebenheiten gespeist[33] —. Ebenso nimmt auch das Sehen des Geistes nichts wahr als das geistige Licht oder die Gleichheit und ihre Erscheinung in ihren Zeichen und bekennt mit größter Wahrheit, daß bei Fortfall dieses Lichtes nichts sein oder erkannt werden kann[34]. Denn wie sollte die Vernunft noch festen Stand haben, wenn die Gleichheit aufgehoben wäre? Besteht doch das Vernunfterkennen in einer Angleichung, die gänzlich zu sein aufhörte, wenn die Gleichheit aufgehoben wäre. Wäre dann nicht die Wahrheit aufgehoben, welche die Angleichung des Dinges an die Vernunft oder die Gleichung des Dinges und der Vernunft ist[35]?

igitur in veritate maneret aequalitate sublata, cum in veritate ipsa nihil reperiatur quam aequalitas.

Capitulum XI   35

Et ut videas animam sensitivam non esse intellectum, sed eius similitudinem seu imaginem, attende quomodo in vidente duplex est forma, una informans, quae est similitudo obiecti, alia est formans, quae est similitudo intelligentiae. Formare et informare agere quoddam est. Cum autem nihil fiat sine ratione, intellectus est principium actionum, quae sunt ad finem. Facit autem omnia aut per se aut per naturam; ideo opus naturae est opus intelligentiae. Hinc quando obiectum per suam similitudinem informat, hoc naturaliter 10 fit, scilicet per intelligentiam medio naturae. Quando vero intelligentia format, hoc facit per propriam suam similitudinem. In vidente igitur duae sunt similitudines, alia obiecti, alia intelligentiae, sine quibus non fit visio. Similitudo obiecti est superficialis et extrinseca, similitudo intelligentiae centralis et intrinseca. Similitudo obiecti est instrumentum similitudinis intelligentiae. Similitudo igitur intelligentiae mediante similitudine obiecti sentit seu cognoscit.

Sentire igitur animam sensitivam, quae similitudo est in- 36 telligentiae, et speciem obiecti, quae est similitudo obiecti, requirit. Quare anima sensitiva non est intellectus, cum non sentiat sine similitudine obiecti. Intellectus enim non dependet ab aliquo, ut intelligibilia intelligat, et nullo alio a se ipso indiget instrumento, cum sit suarum actionum principium. Intelligit enim hoc complexum: 'quodlibet est vel non est,' sine aliquo instrumento seu medio; sic et cuncta

Nichts also bliebe in der Wahrheit, wäre die Gleichheit aufgehoben, da in der Wahrheit selbst nichts anderes zu finden
ist als Gleichheit[36].

35   K a p i t e l 1 1

Und damit du siehst, daß die sinnenhafte Seele nicht
Vernunft, sondern deren Ähnlichkeit oder Bild ist[1], beachte,
daß es im Sehenden eine zweifache Form gibt. Die eine ist
einformend und ist eine Ähnlichkeit des Gegenstandes; die
andere ist formend und ist eine Ähnlichkeit der Vernunftkraft[2]. Formen und Einformen ist ein gewisses Wirken. Da
aber nichts ohne Grund geschieht, ist die Vernunft der Ursprung der Tätigkeiten, die auf ein Ziel hingeordnet sind.
Sie bewirkt aber alles entweder durch sich selbst oder durch
die Natur. Deshalb ist das Werk der Natur ein Werk der
Vernunftkraft[3]. Wenn daher der Gegenstand durch seine
Ähnlichkeit einformt, geschieht dies auf natürliche Weise,
nämlich durch die Vernunftkraft vermittels der Natur.
Wenn aber die Vernunftkraft formt, macht sie dies durch
ihre eigene Ähnlichkeit. Im Sehenden sind also zwei Ähnlichkeiten; die eine ist die des Gegenstandes und die andere
die der Vernunftkraft. Ohne diese beiden kommt kein
Sehen zustande. Die Ähnlichkeit des Gegenstandes ist ober-
flächlich und äußerlich, die Ähnlichkeit der Vernunftkraft
ist zentral und innerlich. Die Ähnlichkeit des Gegenstandes
ist Werkzeug der Ähnlichkeit der Vernunftkraft. Die Ähnlichkeit der Vernunftkraft empfindet also oder erkennt vermittels der Ähnlichkeit des Gegenstandes.

36   Das Empfinden erfordert also die sinnenhafte Seele, die
Ähnlichkeit der Vernunftkraft ist, und ein Erkenntnisbild
des Gegenstandes, das Ähnlichkeit des Gegenstandes ist.
Deshalb ist die sinnenhafte Seele nicht die Vernunft, da sie
ohne Ähnlichkeit des Gegenstandes nichts empfindet. Die
Vernunft nämlich hängt von nichts ab, damit sie das geistig
Erkennbare erkenne, und bedarf keines anderen von ihr
Verschiedenen als Werkzeug, da sie der Ursprung ihrer
Tätigkeiten ist. Denn sie sieht ohne Werkzeug oder Mittel
dieses Urteil ein: „Jedwedes ist oder ist nicht." Ebenso sieht

173ᵛ intelligibilia. Sensibilia non | intelligit, quia sensibilia et
non intelligibilia. Quare oportet, ut intelligibilia prius fiant, 10
antequam intelligantur, sicut nihil sentitur, nisi sensibile fiat.

Capitulum XII   37

Adhuc, ut in sensibilibus consideres aequalitatem, nonne
alia superficies plana, alia rotunda, alia media? Et si aut
planam aut rotundam mente conspicis, utique nihil non
aequale habent. Planities quid aliud quam aequalitas? Sic
et rotunditas aequalitas est. Aequaliter enim a centro se
habet rotundi superficies et necessario undique aequalis,
nullibi se aliter habens. Planities eodem se habet modo undique. Quod si ad illam respicis planitiem, qua nulla dari
potest aequalior, utique, cum omnis plana superficies splen- 10
deat, maxime illa splendebit. Sic et rotunda splendebit et
movebitur, ut in libello De globo patet. Mediae vero superficies non possunt penitus ab omni aequalitate esse alienae,
cum cadant inter planam et rotundam. Sic nec inter rectam
lineam et circularem, quarum quaelibet aequalis est, nulla
cadere potest linea aequalitatis expers.

Ita et de numero, quorum nullus est aequalitatis expers, 38
quando in ipsis non nisi unitatis progressio reperitur, et
nullus est, qui sit variabilis aut minus plusque capiat. Hoc
certe non aliunde quam ab aequalitate sic esse oportet.
Deinde, nonne nihil in sanitate aut vita aut talibus quibus-
cumque veraciter quam aequalitas reperitur? Qua sublata
nec sensus nec imaginatio nec comparatio nec proportio nec
intellectus remanebit; sic nec amor nec concordia nec iustitia nec pax erunt, nec durare quidquam poterit.

sie alles geistig Erkennbare ein. Das Sinnenfällige aber sieht
sie nicht ein, weil es sinnenfällig und nicht geistig erkennbar
ist. Daher muß das Sinnenfällige erst geistig erkennbar
werden, bevor es eingesehen wird; wie ja auch nichts sinnlich empfunden wird, wenn es nicht sinnenfällig wird.

37   K a p i t e l 1 2

Ferner, damit du im Sinnenfälligen die Gleichheit be-
trachtest: Ist nicht die eine Fläche eben, eine andere rund
und eine andere etwas Mittleres? Und wenn du entweder
die ebene oder die runde Fläche mit dem Geiste schaust,
haben sie gewiß nichts Ungleiches. Was ist die Ebene anderes als Gleichheit? So ist auch die Rundheit Gleichheit.
Denn die Fläche des Runden verhält sich vom Mittelpunkt
aus gleich, und sie ist notwendigerweise überall gleich und
verhält sich nirgends anders[1]. Auch die Ebene verhält sich
überall in derselben Weise. Wenn du zu jener Ebene hin-
blickst, im Vergleich zu der keine gleichere gegeben werden
kann, so wird, da jede ebene Fläche glänzt, jene gewiß am
meisten glänzen. Ebenso wird auch die runde glänzen und
sich bewegen, wie es sich im Büchlein über die Kugel[2] zeigt.
Aber auch die mittleren Flächen können nicht gänzlich jeder
Gleichheit bar sein, da sie zwischen die ebene und die runde
Fläche fallen. So kann auch zwischen die gerade und die
kreisförmige Linie, deren jede gleich ist, keine Linie fallen,
die der Gleichheit entbehrt.

38   Dasselbe gilt auch von der Zahl. Keine Zahl entbehrt der
Gleichheit, da sich in ihnen nur ein Fortschreiten der Eins
findet und es keine gibt, die veränderlich wäre oder ein
Mehr und Weniger zuließe. Das kann sicherlich nur von der
Gleichheit herrühren. Ferner, findet sich nicht tatsächlich in
Gesundheit oder Leben oder allem dergleichen nichts als
Gleichheit? Ist sie aufgehoben, dann werden weder Sinn
noch Vorstellung noch Vergleich noch Verhältnis noch Vernunft zurückbleiben; ebenso werden weder Liebe noch Ein-
tracht noch Gerechtigkeit noch Frieden sein, und nichts wird
fortdauern können[3].

Capitulum XIII

Post primi principii considerationem adhuc ex dictis aliquid de anima inferam. Elicias ex praemissis quomodo aer
nullo sensu nostro attingitur nisi qualificatus. Ex quo constat
quod, si aer viveret vita sensitiva, in se sentiret species qualita-
tum. Aer autem aut subtilis est aut grossus aut medio modo
se habet. Subtilis aether est. Oportet igitur animam sensitivam aerem vivificare sibi coniunctum, ut in vivificato aere
sentire possit species obiectorum, puta in aere vivo diaphano
et subtili speciem visibilis, in communi speciem soni, in 10
ingrossato et immutato species aliorum sensuum. Non est
igitur anima sensitiva nec terra nec aqua nec aer nec aether
sive ignis, sed est spiritus vivificans aerem modo praemisso,
et coniunctum ex spiritu et aere per sensibilem speciem in
actu positum sentit. Aer igitur corpus vitae spiritus nostri
sensitivi exsistit, quo mediante vivificat totum corpus et
sentit obiecta, et non est naturae alicuius obiecti sensibilis,
sed simplicioris et altioris virtutis. Sentire quoddam pati
est. Agit igitur species in corpus organicum iam dictum.

Hinc species non est corporalis, cum agat in corpus, sed 40
est in respectu ad corpus illud organicum spiritus formans.
Et quia sentitur, erit corpus illud vivum et purum omni
specie carens. Anima autem, quae est vivificans ipsum et
cuius est sentire, penitus omni corpore et specie simplicior
et abstractior non cognoscit, nisi attendat. Est igitur virtutis semper vivificativae et cognitivae, qua utitur, quando

Nach der Betrachtung des ersten Ursprungs[1] möchte ich
aus dem Gesagten noch etwas über die Seele folgern. Entnimm dem bisher Erörterten, daß die Luft nur, soweit sie
qualitativ bestimmt ist, von unserem Sinn erfaßt wird[2]. Auf
Grund dessen steht fest, daß, wenn die Luft ein sinnenhaftes Leben lebte, sie in sich die Erkenntnisbilder der Qua-
litäten wahrnähme[3]. Die Luft aber ist entweder dünn oder
dick oder verhält sich in mittlerer Weise. Dünne Luft ist der
Äther. Also muß die sinnenhafte Seele die ihr verbundene
Luft beleben, damit sie in der belebten Luft die Erkenntnisbilder der Gegenstände wahrnehmen kann, zum Beispiel in
der lebendigen, durchsichtigen und dünnen Luft das Erkenntnisbild des Sichtbaren, in der gewöhnlichen das Erkenntnisbild des Tones, in der verdickten und veränderten
die Erkenntnisbilder der anderen Sinne. Also ist die sinnenhafte Seele weder Erde noch Wasser noch Luft noch Äther
oder Feuer, sondern sie ist der die Luft in der soeben genannten Weise belebende Geist, und das aus Geist und
Luft Verbundene übt die Wahrnehmung aus, wenn es durch
das sinnenfällige Erkenntnisbild in die Wirklichkeit gesetzt
ist. Die Luft ist also der Körper des Lebens unseres sinnenhaften Geistes, durch dessen Vermittlung dieser den ganzen Körper belebt und die Gegenstände wahrnimmt, und sie
ist nicht von der Natur irgendeines sinnenfälligen Gegenstandes, sondern von einfacherer und höherer Kraft[4]. Wahrnehmen ist ein gewisses Erleiden[5]. Das Erkenntnisbild wirkt
also auf den bereits erwähnten organischen Körper ein.

40   Daher ist das Erkenntnisbild nicht körperlich, da es auf
den Körper einwirkt[6], vielmehr ist es im Hinblick auf jenen
organischen Körper formender Geist. Und weil es wahrgenommen wird, wird jener lebendige und reine Körper jedes
Erkenntnisbildes entbehren. Die Seele aber, welche ihn belebt und der das Wahrnehmen zukommt, ist gänzlich einfacher und unstofflicher als irgendein Körper oder irgendein
Erkenntnisbild, und sie erkennt nur, wenn sie aufmerkt[7].
Also besitzt sie eine immer belebende und erkennende
Kraft, der sie sich bedient, wenn sie bewegt wird, damit sie

movetur, ut attendat. Est igitur in ipsa anima sensitiva ultra
virtutem vivificativam quaedam potentia cognitiva, quasi
imago sit intelligentiae, quae in nobis ipsi intelligentiae 10
iungitur. Vides radium solis penetrare vitrum coloratum et
in aere speciem coloris apparere. Splendore enim illo, qui
est splendor coloris vitri, vides aerem coloratum in similitudine vitri; habet se tamen color vitri ut corpus et color aeris
ut intentio et spiritus ad illum. Huius autem intentionis
species adhuc subtilior et spiritualior, quia est splendor
eius, sentitur in visu, scilicet in diaphano aerio vivo oculi.

Anima igitur sensitiva, quae vivificat diaphanum, est adeo 41
spiritualis, quod splendorem splendoris sentit in suo diaphano purissimo. Sentit enim diaphani eius superficiem penitus incoloratam in similitudine tingi, et se convertens ad
obiectum, unde splendor venit, medio illius splendoris,
quem in superficie corporis sui diaphani sentit, obiectum
cognoscit. Unde, cum non fiat visio, nisi videns attendat ad
splendorem seu intentionem — praetereuntes enim, si non
sumus attenti, non videmus —, patet quod visio ex inten-
tione coloris et attentione videntis oritur. 10

Et si bene consideras, in aere illo colorato similitudinem 42
hominis reperies. Nam est corpus, anima et spiritus. Corpus,
174ʳ ut aer est; anima, ut species coloris per | omnia aerem pene-
trantis, formantis et colorantis; spiritus vero, ut radius lucis
colorem illuminantis. Nam rationalis nostra anima nisi in se
haberet spiritum discretionis, qui in ea lucet, homines non
essemus nec clare prae ceteris animalibus sentiremus. Lux

aufmerke. Also ist selbst in der sinnenhaften Seele über die lebenspendende Kraft hinaus ein gewisses erkennendes Vermögen, gleichsam als das Abbild der Vernunftkraft, das in uns mit der Vernunftkraft selbst verbunden ist[8]. Du siehst, daß der Sonnenstrahl das farbige Glas durchdringt und daß in der Luft das Erkenntnisbild der Farbe erscheint. Denn durch jenen Glanz, welcher der Glanz der Farbe des Glases ist, siehst du die Luft farbig nach Art des Glases[9]. Dennoch verhält sich zu diesem Glanz die Farbe des Glases wie der Körper und die Farbe der Luft wie Hingewendetsein und Geist. Das Erkenntnisbild dieses Hingewendetseins aber, das noch feiner und geistiger ist, da es dessen Abglanz ist, wird im Gesichtssinn wahrgenommen, nämlich in dem luftartigen und lebendigen Durchsichtigen des Auges.

41 Also ist die sinnenhafte Seele, welche das Durchsichtige belebt, so geistig, daß sie den Abglanz des Glanzes in ihrem Durchsichtigen, das ganz rein ist, wahrnimmt[10]. Denn sie nimmt wahr, daß die gänzlich farblose Oberfläche ihres Durchsichtigen in einer Ähnlichkeit gefärbt wird[11]; und indem sie sich dem Gegenstand zuwendet, von dem der Glanz herkommt, erkennt sie den Gegenstand vermittels jenes Glanzes, den sie auf der Oberfläche ihres durchsichtigen Körpers wahrnimmt. Da also das Sehen nur zustande kommt, wenn der Sehende seine Aufmerksamkeit dem Glanz oder dem Hingewendetsein zuwendet — die Vorübergehenden nämlich sehen wir nicht, wenn wir nicht aufmerksam sind —, so kommt das Sehen offenbar durch das Hingewendetsein der Farbe und durch die zugewendete Aufmerksamkeit des Sehenden zustande[12].

42 Und wenn du es gut erwägst, wirst du in jener farbigen Luft ein Gleichnis des Menschen finden. Denn er ist Körper, Seele und Geist[13]. Körper ist er, wie es die Luft ist; Seele, wie das Erkenntnisbild der Farbe, die ganz und gar die Luft durchdringt, formt und färbt; Geist aber, wie der Strahl des Lichtes, das die Farbe erleuchtet. Denn hätte unsere mit Verstand begabte Seele in sich nicht den Geist der Unterscheidung, der in ihr leuchtet, so wären wir keine Menschen noch würden wir deutlicher als die übrigen Sinnenwesen wahrnehmen[14]. Jenes Licht aber, das in uns

autem illa, quae in nobis lucet, desuper datur et non com-
miscetur corpori; lucem autem esse discretivam experimur.

Ideo omnem discretionem et illuminationem atque perfec-   43
tionem animalitatis nostrae ab illa insensibili luce nos habere certissime scimus, quae si non luceret in nobis, penitus
deficeremus; quemadmodum cessante radio solis penetrare
vitrum coloratum nihil de colorato aere visibile manet. Cae-
lum autem ut vitrum est in se zodiacum seu circulum vitae
continens; virtus vero omnia creantis est ut radius. Ex his
paucis materiam speculandi sumito, quam, ut volueris,
poteris ampliare. Superest de fide nostra dulcissima consideratio, quae omnia sua certitudine superat et sola est feli-   10
citans; circa quam solide et crebriter verseris.

Conclusio   44

Habes, quae nos in his alias latius sensimus, in multis et
variis opusculis, quae post istud Compendium legere poteris,
et reperies primum principium undique idem varie nobis
apparuisse et nos ostensionem eius variam varie depinxisse.

Epilogus   45

Tendit tota directio ad unitatem obiecti, ad quam Philippus apostolus per Christum, qui verbum dei, ductus dice-
bat: «Domine, ostende nobis patrem, et sufficit nobis».
Patrem verbi ac aequalitatis, quia omnipotens, posse supra
nominamus; unum est obiectum visus mentis et visus sensus,
visus mentis, uti est in se, visus sensus, uti est in signis, et

leuchtet, wird von oben gegeben und vermischt sich nicht mit dem Körper. Daß aber das Licht unterscheidende Kraft besitzt, lehrt uns die Erfahrung.

43   Daher wissen wir mit höchster Gewißheit, daß wir alle Unterscheidungskraft, Erleuchtung und Vollendung unserer Sinnenwesenhaftigkeit von jenem nicht sinnenfälligen Licht haben. Wenn dieses nicht in uns leuchtete, gingen wir gänzlich zugrunde[15]; ebenso wie von der farbigen Luft nichts mehr zu sehen bleibt, wenn der Sonnenstrahl aufhört, das farbige Glas zu durchdringen. Der Himmel aber, der in sich den Tierkreis oder Lebenskreis enthält, ist wie das Glas[16]; die Kraft dessen aber, der alles erschafft, ist wie der Strahl. Aus diesen wenigen Ausführungen entnimm den Stoff für dein Nachdenken, den du nach Belieben erweitern kannst. Übrig bleibt noch die im höchsten Grade Freude bereitende Betrachtung über unsern Glauben, der durch seine Gewißheit alles überragt und allein zu beglücken vermag[17]. Mit ihm mögest du dich gründlich und häufig beschäftigen.

44   S c h l u ß

Du findest unsere Gedanken hierüber, die wir anderswo ausführlicher dargestellt haben, in vielen verschiedenen Schriften[1], die du nach diesem Abriß lesen kannst. Und du wirst feststellen, daß der erste Ursprung, der überall derselbe ist, uns auf mannigfache Weise erschienen ist und daß wir seine mannigfache Offenbarung auf mannigfache Weise beschrieben haben[2].

45   E p i l o g

Die gesamte Anleitung[1] zielt ab auf die Einheit des Gegenstandes. Zu ihr durch Christus, der das Wort Gottes ist, geführt, sagte der Apostel Philippus: „Herr, zeige uns den Vater, und es genügt uns."[2] Den Vater des Wortes und der Gleichheit nennen wir oben[3] das Können, weil er allmächtig ist; er ist der eine Gegenstand des geistigen und des sinnlichen Sehens; des geistigen Sehens, wie er in sich ist; des sinnlichen Sehens, wie er in den Zeichen ist[4]. Und er ist

est ipsum posse, quo nihil potentius. Hoc cum sit omne, quod esse potest, tunc et omnia, quae esse possunt, ipsum est sine sui variatione, augmento sive diminutione. Res 10 igitur omnes cum non sint nisi quod esse possunt et posse, quo nihil potentius, sit omne posse esse, nec est alia omnium, quae sunt, causa nisi ipsum posse esse. Est enim res, quia ipsum posse esse est; et est hoc et non aliud, quia summa aequalitas est; et est una, quia summa unio est. Hinc nihil se offert visui mentis in omnibus et per omnia nisi quo nihil potentius. Non enim ille visus res appetit multas et varias, quoniam ad multa et varia non inclinatur, sed naturaliter ad id fertur, quo nihil potentius, in cuius visione vivit et quiescit. 20

Et quoniam potentia, qua nihil potentius, est virtus maxime unita, hinc unitatem ipsam nominat, qua nihil potentius. Res vero, quae esse possunt, numeros appellat. Obiectum vero visus mentis est unitas omnipotens invariabilis et immultiplicabilis, non numerus, cum in numero nihil sit, quod videre cupiat, nisi ipsa unitas, quae est omne id, quod omnis numerus est et esse aut explicare potest. Respicit enim, quid in omni numero numeratur, et non ad numerum. Nihil autem in quocumque et qualitercumque magno aut parvo, pari aut impari numero esse potest quam 10 virtus illa, qua nihil potentius, quae unitas dicitur. Non est igitur obiectum visus mentis aliud quam posse, quo nihil potentius, cum illud sine sui mutatione solum possit esse omnia et sit etiam, sine quo nihil esse potest. Quomodo enim quidquam esset sine ipso posse, quando esse non posset? Et si sine ipso aliquid esse posset, utique sine ipso posse posset.

das Können selbst, im Vergleich zu dem es nichts Mächtige-res gibt[5]. Da dieses alles ist, was sein kann[6], ist es auch alle Dinge, die sein können, ohne Veränderung seiner selbst, ohne Vermehrung oder Verringerung[7]. Da also alle Dinge nur das sind, was sie sein können, und das Können, im Ver-gleich zu dem es nichts Mächtigeres gibt, Alles-Können-Sein[8] ist, gibt es für alles, was ist, keinen anderen Grund als das Können-Sein selbst[9]. Denn ein Ding ist, weil das Kön-nen-Sein selbst ist[10]; und ein Ding ist dieses und nichts an-deres, weil die höchste Gleichheit ist; und es ist eines, weil die höchste Einigung ist. Daher bietet sich in allem und durch alles nichts anderes der Schau des Geistes dar als das, im Vergleich zu dem es nichts Mächtigeres gibt[11]. Denn jene Schau strebt nicht nach vielen und verschiedenen Dingen, da sie sich nicht zum Vielen und Verschiedenen hinneigt, sondern von Natur aus auf das geht, im Vergleich zu dem es nichts Mächtigeres gibt, in dessen Anschauung sie lebt und zur Ruhe kommt.

46   Und weil die Macht, im Vergleich zu der es nichts Mäch-tigeres gibt, die im höchsten Grade geeinte Kraft ist[12], nennt die Schau des Geistes sie die Einheit selbst, im Ver-gleich zu der es nichts Mächtigeres gibt. Die Dinge aber, die sein können, nennt sie Zahlen[13]. Gegenstand der geistigen Schau aber ist die allmächtige Einheit, die unveränderlich ist und nicht vervielfältigt werden kann, nicht die Zahl[14], da es in der Zahl nichts gibt, was sie zu schauen begehrte, als die Einheit selbst, die alles das ist, was jede Zahl ist und sein oder ausfalten kann[15]. Denn sie schaut auf das, was in jeder Zahl gezählt wird, und nicht auf die Zahl. Nichts kann aber in jeder beliebig großen oder kleinen, gleichen oder ungleichen Zahl sein als jene Kraft, im Vergleich zu der es nichts Mächtigeres gibt, welche die Einheit genannt wird[16]. Also ist Gegenstand der geistigen Schau nichts anderes als das Können, im Vergleich zu dem es nichts Mächtigeres gibt, da nur dieses allein ohne Veränderung seiner selbst alles sein kann und auch das ist, ohne das nichts sein kann[17]. Denn wie sollte irgend etwas ohne das Können selbst sein, wenn es nicht sein könnte? Und wenn ohne jenes etwas sein könnte, dann könnte es durchaus können ohne jenes[18].

Obiectum autem sensus visus res aliqua est sensibilis, 47
quae, cum non sit nisi ipsum, quod esse potest, non est nisi
idem obiectum visus mentis, non ut in se, quemadmodum
se menti, sed ut in signo sensibili, quemadmodum se sensibili visui obicit. Quia igitur ipsum posse, quo nihil potentius,
vult posse videri, hinc ob hoc omnia. Et haec est causa
causarum et finalis, cur omnia, ad quam omnes rerum causae
in esse et nosci ordinantur.

Et sic claudo brevissimam compendiosissimamque direc-
tionem, quam mundiores acutiorisque visus subtilius con- 10
templantes clarius dilatabunt ad laudem cunctipotentis semper benedicti.

47   Gegenstand des sinnlichen Sehens aber ist irgendein sinnenfälliges Ding. Da es nur das ist, was es sein kann, ist es nur derselbe Gegenstand der geistigen Schau, nicht wie er in sich ist, wie er sich dem Geiste darbietet, sondern wie er im sinnenfälligen Zeichen ist, wie er sich dem sinnlichen Sehen darbietet[19]. Weil also das Können selbst, im Vergleich zu dem es nichts Mächtigeres gibt, will, daß es geschaut werden kann, deshalb ist alles wegen ihm[20]. Und dies ist der Grund der Gründe und der Zweckgrund[21], weshalb alles ist. Auf ihn sind alle Gründe der Dinge in ihrem Sein und Erkanntwerden hingeordnet[22].

Und so beschließe ich diese sehr kurze und stark zusammenfassende Anleitung. Menschen, die reiner sind und schärfer zu sehen vermögen und genauer betrachten, werden sie in klarerer Weise weiter ausführen zum Lobe des Allmächtigen, der immer gepriesen sei.

ANMERKUNGEN

Kapitel 1

[1] Vgl. De docta ign. I 1 n. 2: „Für die gesichertste Wahrheit aber dürfen wir ohne Zweifel diejenige halten, der kein Mensch zu widersprechen vermag, dessen Geist gesund ist" (Übersetzung von Wilpert); der gleiche Gedanke liegt vor De mente 15 n. 159 und De venatione sap. 15 n. 42.

[2] Daß Eines nicht so, wie es in sich selbst ist, in Vielem sein kann, wird De venatione sap. 22 und 23 nn. 64—70 ausführlich erörtert.

[3] Die Priorität des Seins gegenüber dem Erkennen (vgl. Aristoteles Kategorien 7 b 23 ff.) charakterisiert Thomas von Aquin (De veritate I 1) mit dem Satz: „Entitas rei praecedit rationem veritatis". Für Thomas ist die Wesenheit der materiellen Seienden das eigentümliche Objekt der geistigen Erkenntnis, d. h. die materiellen Seienden sind für die Erkenntnis offen. Bei Nikolaus von Kues dagegen bedeutet die Priorität des Seins mehr, wie aus dem unmittelbar folgenden Satz erkenntlich ist: Die Seinsweise ist durch kein Erkenntnisvermögen faßbar, weil sie jeder Erkenntnis vorausliegt. Nicht das Seiende selbst, sondern seine Zeichen und Bilder sind Gegenstand unserer Erkenntnis. Vgl. auch Anm. 6.

[4] In De docta ign. II 7 n. 130 unterscheidet Nikolaus vier allgemeine Weisen des Seins: a) Gott als die absolute Notwendigkeit, b) die Notwendigkeit der Verknüpfung, in welcher „sich die in sich wahren Formen der Dinge mit ihrer Verschiedenheit voneinander und ihrer natürlichen Ordnung" befinden, c) die Dinge in bestimmter Möglichkeit als tatsächlich dieses oder jenes, d) die absolute Möglichkeit. (Zur Quellenfrage vgl. Die belehrte Unwissenheit Buch II, übers. v. P. Wilpert, S. 124 f. Anm. 82). Anders werden die vier Seinsweisen in De coniecturis II 9 gefaßt; vgl. hierzu J. Koch, Die Ars coniecturalis des Nikolaus von Kues (Arbeitsgemeinschaft für Forschung des Landes Nordrhein-Westfalen Heft 16), Köln-Opladen, 1956, S. 33 und Anm. 60). Drei Seinsweisen werden in De beryllo 23 genannt. Zu vergleichen ist außerdem De ludo globi II p I f. 168^r; De princ. n. 39; De apice theoriae p I f. 220^v: Gott als Können selbst erscheint in verschiedenen Seinsweisen; De venatione sap. 26 n. 78: Der Übergang von der Potenz zum Akt ist Übergang von einer Seinsweise in eine andere. Im Compendium wird der modus essendi allgemein gefaßt, verschiedene Seinsweisen werden nicht genannt. Dem modus essendi steht gegenüber der modus cognoscendi. Die Worte „in irgendeiner Weise des Erkennens" weisen darauf hin, daß es verschiedene modi cognoscendi gibt (Sinne, Vorstellungs-

kraft, Vernunft). Keine dieser modi cognoscendi dringt vor zu einer Wesenserkenntnis des modus essendi.

5 sensus, imaginatio, intellectus: Während in anderen Schriften, vornehmlich in De coniecturis, scharf zwischen ratio und intellectus unterschieden wird, ist im Compendium diese Unterscheidung aufgegeben. Festgehalten wird aber immer daran, daß jedem menschlichen Erkennen ein Zugang zum Wesen der Dinge versagt ist (vgl. z. B. De coni. I 11 n. 57: „Du siehst nun, daß die bejahenden Aussagen der Weisen Mutmaßungen sind"; Mutmaßung ist „positive Aussage, die an der Wahrheit, wie sie ist, in Andersheit teilhat"; a.a.O.).

6 Hier tritt Nikolaus in offenen Gegensatz zu einer Erkenntnislehre, für welche die extramentalen Seienden selbst Gegenstand der Erkenntnis werden können. Nach Thomas von Aquin z. B. ist das, was erkannt wird, das Ding selbst (vgl. S. th. I q. 85 a. 2); das Erkenntnisbild (die species) ist nur das Erkenntnismittel. Nach Nikolaus dagegen wird nicht das Ding selbst erkannt, sondern nur dessen Bild oder Zeichen; das Ding selbst bleibt unerkannt. Vgl. auch Anm. 3.

7 Vgl. z. B. De docta ign. I 3 n. 10: „Die Wesenheit der Dinge, welche die Wahrheit der Seienden ist, ist also in ihrer Reinheit unerreichbar"; „der Geist also, der nicht die Wahrheit ist, erfaßt die Wahrheit niemals so genau, daß sie nicht ins Unendliche immer genauer erfaßt werden könnte"; De coni. I 11 n. 55; II 5 n. 97; De venatione sap. 12 n. 31: „Weil alles, das gewußt wird, besser und vollkommener gewußt werden kann, wird nichts so gewußt, wie es gewußt werden kann". Zusätzliche Belege bietet die kritische Ausgabe des Compendium.

8 Vgl. Aristoteles Met. α 1, 993 b 9—11: „Wie sich nämlich die Augen der Eulen gegen das Tageslicht verhalten, so verhält sich der Geist in unserer Seele zu dem, was seiner Natur nach unter allen am offenbarsten ist" (Übersetzung von Bonitz).

9 Vgl. De docta ign. II Prol. n. 90: „Wir müssen also über unser Begreifen hinaus in einer Art Unwissenheit wissend sein, um uns — da wir die Genauigkeit der Wahrheit, so wie sie ist, nicht fassen können — wenigstens soweit führen zu lassen, daß wir die Existenz der Wahrheit erkennen . . .".

10 Vgl. De apice theoriae p I f. 219^v: „. . . Beachte, daß in jeder Farbe und in jedem Sichtbaren keine andere Hypostase ist als das Licht, das verschieden in den verschiedenen Seinsweisen der Farben erscheint . . .".

11 Vgl. Aristoteles De sensu et sensato 3, 439 b 11; De quaerendo deum n. 34: „Die Farbe ist nichts anderes als die Grenze des Lichtes im Durchsichtigen".

12 Vgl. 1 Tim. 6, 16: „Gott wohnt in unzugänglichem Licht".

[13] Zur Lichtsymbolik des Nikolaus von Kues vgl. J. Koch, Über die Lichtsymbolik im Bereich der Philosophie und der Mystik des Mittelalters, Studium generale 13. Jahrg. Heft 11, 1960, S. 668 f. De venatione sap. 39 n. 124 werden außer Platon, dessen Sonnengleichnis Nikolaus aus direkter Lektüre kannte, (vgl. Codex Cusanus 178 f. 132r) Ps.-Dionys und Gregor von Nazianz als Gewährsmänner genannt.

Kapitel 2

[1] meliori modo quo fieri potest hat nach G. von Bredow (Mitteilungen und Forschungsbeiträge der Cusanus-Gesellschaft 6, 1967, S. 21—26) nicht superlative Bedeutung, sondern der Sinn dieser Worte sei „besser im Vergleich zu einem weniger Guten, das unter ähnlichen kontingenten Bedingungen aktuell sein könnte". Es ist nicht zu bestreiten, daß meliori modo quo fieri potest bei Nikolaus von Kues sehr oft und auch an der vorliegenden Stelle verstanden werden muß als das unter diesen und ähnlichen Bedingungen Bestmögliche oder möglichst Vollkommene. Daß meliori modo quo fieri potest hier diesen Sinn hat, ergibt sich schon daraus, daß keine menschliche Erkenntnis so genau ist, daß sie nicht noch genauer sein könnte (vgl. Compendium n. 11; J. Koch, Die Ars coniecturalis S. 36 ff.). In ähnlicher Weise sind Formulierungen wie „quanto praecisius potes" (Comp. n. 28) zu verstehen (zur Konstruktion vgl. auch Albertus Magnus am Schluß des Politikkommentares: „. . . opiniones Peripateticorum quanto fidelius potui exposui"). Indessen bezeichnet die Formel „meliori modo quo" nicht immer das relativ Beste im Vergleich zu einem weniger Guten, sondern bisweilen meint sie das im geschöpflichen Bereich überhaupt erreichbar Beste, das freilich immer noch ein relatives optimum im Vergleich zum absoluten optimum ist, so z. B. De dato patris luminum n. 93: „Omne datum optimum et omne donum perfectum desursum est. Nam si omne id quod est in tantum se bonum esse aestimat, ut non aliud quam id ipsum semper esse meliori quidem modo quo hoc suae naturae patitur condicio exoptet, tunc omnis vis illa, quae se esse cognoscit ab optimo, optime esse cognoscit . . . quia ab optimo maximo magistro, cui nemo altior, sortitum est esse suum, omne id quod est quiescit in specifica natura sua ut in optima ab optimo". Besonders zu beachten ist De pace fidei n. 47: „(Christus) pro veritate dedit vitam huius mundi, ut sic . . . daret se libere in redemptionem pro multis et faceret omnia meliori modo quo fieri possent, quod homines assequerentur fidem salvationis . . .". Hier kann „meliori modo quo fieri possent" nicht wiedergegeben werden mit „besser im Vergleich zu einem weniger Guten, das unter ähnlichen kontingenten

Bedingungen aktuell sein könnte", sondern nur als „bestmöglich" oder „möglichst vollkommen", wie der Kontext zeigt.

[2] Vgl. die gleiche Begründung bei Thomas von Aquin S. th. I q. 78 a. 1; außerdem Aristoteles De anima III 12, 434 a 22 ff.

[3] Vgl. De docta ign. II 12 n. 166 und De ludo globi II p I f. 168ʳ.

[4] Vgl. Augustinus De doctrina christiana II 4 (CSEL LXXX 34, 25 f.): „Denn auch der Hahn ruft die Henne, damit sie herbeieile, wenn er Futter gefunden hat ...".

[5] Vgl. Sermo 213 n. 12 ff. (Cusanus-Texte I 2—5 S. 94 ff.). Hugo von St. Victor (Didascalicon II 20) zählt sieben handwerkliche Künste auf: Webkunst, Herstellung von Rüstung und Waffen, Schiffahrt, Ackerbau, Jagd, Medizin, Theaterkunst (vgl. auch Alpharabi De ortu scientiarum (Beiträge XIX 3, 20, 23—28); Dominicus Gundissalinus De divisione philosophiae (Beiträge IV 2—3, 20, 11—19); Bonaventura De reductione artium ad theologiam 2 beruft sich in seiner Aufzählung auf Hugo von St. Victor. — Die Medizin wurde seit etwa 1150 zur Wissenschaft und erscheint bei Dominicus Gundissalinus als Art der Gattung Naturphilosophie (vgl. J. Koch, Von der Bildung der Antike zur Wissenschaft des Mittelalters, Die Höhere Schule 5, 1962, S. 98 f.). Vgl. auch Thomas von Aquin, Expositio super librum Boethii De trinitate q. 5 a. 1 ad 5. Die sieben freien Künste sind: Grammatik, Rhetorik, Dialektik (Trivium): Arithmetik, Geometrie, Astronomie und Musik (Quadrivium); (vgl. auch De ludo globi II p I f. 164ʳ).

[6] Die virtutes theologicae oder „göttlichen" Tugenden sind Glaube, Hoffnung und Liebe nach 1 Kor. 13, 13.

[7] Aristoteles Met. A 1, 980 a 21: „Alle Menschen streben von Natur nach Wissen" (Übersetzung von Bonitz).

[8] Den in diesem Kapitel erörterten sinnenfälligen Zeichen treten später die Vernunftzeichen gegenüber; vgl. nn. 10. 18. 23.

[9] Zur Unterscheidung „von Natur aus" — „Setzung" vgl. Aristoteles De interpretatione 16 a 19 κατὰ συνθήκην; 26 f. κατὰ συνθήκην ... φύσει. Nikolaus hat die gleiche Einteilung wie Augustinus De doctrina christiana II 2: „Signorum igitur alia sunt naturalia, alia data".

[10] Unter den natürlichen Zeichen versteht Nikolaus sowohl die species (das Erkenntnisbild als Zeichen des Gegenstandes) als auch die natürlichen Ausdrücke menschlicher Affekte, d. h. die „signa manifestativa", zu denen nach Augustinus De doctrina christiana II 1 nicht nur die Ausdrücke von Affekten gerechnet werden müssen, sondern alle natürlichen Zeichen (ausgenommen die Erkenntnisbilder als Zeichen des Gegenstandes) wie z. B. der Rauch als Zeichen des Feuers und die Spur im Sand als Zeichen des vorbeigegangenen Sinnenwesens. Vgl. auch Thomas In Peri herm. I l. 2 n. 8, I 13 b.

Kapitel 3

[1] Zu diesem Kapitel vgl. die Ausführungen in De filiatione dei 4 n. 74 und besonders De venatione sap. 33.

[2] „Adam, das heißt des Menschen": Vgl. De venatione sap. 33 n. 98: „primus Adam seu homo dictus". Vgl. Hieronymus, Liber interpret. Hebr. nom. ed. P. de Lagarde, CCSL 72, 1959, S. 60, 17.

[3] Die Auffassung, daß alle menschlichen Sprachen von der Ursprache Adams abgeleitet sind, beruht auf Genesis 11,1: „Erat autem terra labii unius et sermonum eorundem". Die Vielheit der Sprachen kam nach dem biblischen Bericht anläßlich des Turmbaus zu Babel zustande (Genesis 11,3—9). Zu vergleichen ist auch Augustinus, Sermo 266 n. 2: „Ein einziger Mensch war Zeichen der Einheit; alle Sprachen waren in einem Menschen".

[4] Genesis 2,19—20. Gott führte „alle Tiere des Feldes und alle Vögel des Himmels" zu Adam, damit er sie benenne.

[5] Nikolaus bezieht sich (ebenso De possest n. 45 p. I f. 178ᵛ) auf das Pfingstwunder (Actus apostolorum 2,4—11). Manche Kirchenlehrer waren der Meinung, daß die Apostel am Pfingstfest auf wunderbare Weise die Kenntnis der Sprachen aller Völker gewannen, denen sie später predigen sollten; vgl. z. B. Thomas von Aquin S. th. II—II q. 176 a. 1 ad 2: „Dicendum quod quamvis utrumque fieri potuisset, scilicet quod per unam linguam loquentes ab omnibus intelligerentur aut quod omnibus linguis loquerentur, tamen convenientius fuit quod ipsi omnibus linguis loquerentur . . .".

[6] Daß den Worten die erste und grundlegende Bezeichnungsfunktion zukommt, sagt Augustinus ausdrücklich; vgl. De doctrina christ. II 6: „Verba enim prorsus inter homines obtinuerunt principatum significandi quaecumque animo concipiuntur, si ea quisque prodere velit".

[7] Vgl. Aristoteles Politik I 2, 1253 a 9—15 und Thomas De reg. princ. I 1.

[8] Vgl. Augustinus De doctrina christ. II 8 (CSEL LXXX 35, 25—28): „Sed quia verberato aëre statim transeunt nec diutius manent quam sonant, instituta sunt per litteras signa verborum. Ita voces oculis ostenduntur, non per se ipsas, sed per signa quaedam sua". Vgl. auch Thomas von Aquin In Peri herm. I l. 2 n. 2.

Kapitel 4

[1] Vgl. Aristoteles De anima II 7, 418 a 31 — b 1. — Der Anlage nach (habitu): Aristoteles Met. Δ 12, 1019 a 26 ff. rechnet die ἕξις zur δύναμις. Das kann der Grund dafür sein, daß Comp. n. 8 habitus gleichbedeutend ist mit potentia.

[2] Vgl. Aristoteles De sensu et sensato 1, 437 a 7: „Alle Körper haben Anteil an der Farbe"; De anima II 7, 418 b 2—3: „Deshalb ist sie (die Farbe) nicht sichtbar ohne Licht, sondern jede Farbe eines jeden wird im Lichte gesehen"; II 8, 420 a 27 f.

[3] Vgl. die in Anm. 2 zitierten Stellen aus De anima: Ohne Licht sind die Farben nicht sichtbar.

[4] „Ton" entspricht hier dem aristotelischen ψόφος; vgl. De an. II 8, 419 b 4 ff.

[5] Vgl. Comp. nn. 1. 11. 13. 31; De docta ign. III 1 n. 188; De genesi n. 149: „idem est immultiplicabile"; De venatione sap. 22 n. 65.

[6] Vgl. Aristoteles De anima II 7, 419 a 17—20; ferner Meister Eckhart In Ioh. n. 25 (LW III 20,8 und Anm. 3).

[7] Das Zurückbleiben der Bezeichnungen der Zeichen in der Vorstellungskraft als Gedächtnis: Vgl. Aristoteles De anima III 2, 425 b 24 f. und De memoria et reminiscentia 1, 450 a 25—32.

[8] Vgl. Aristoteles De anima III 3, 428 b 11—12; Thomas von Aquin S. th. I q. 78 a. 4: „Est enim phantasia sive imaginatio quasi thesaurus quidam formarum per sensum acceptarum".

[9] Vgl. De coniecturis II n. 100: „Einem Blinden nämlich kann die Genauigkeit der Farbe, wie sie durch den Gesichtssinn aufgenommen wird, durch keine Rede mitgeteilt werden"; II n. 157: „Ein Blinder nämlich erreicht die sinnlich wahrnehmbare Farbe nicht". Honorius Augustodunensis De cogn. verae vitae 36 (PL 40, 1025); Thomas von Aquin S. th. I q. 84 a. 3; q. 111 a. 3 ad 1 und 2.

[10] Anders in De deo abscondito n. 14: „. . . ad hoc, ut omnem colorem libere attingere possit, centrum visus sine colore est. In regione igitur coloris non reperitur visus, quia sine colore est". De quaerendo deum 1 n. 20: „Non habet igitur visus colorem, quia non est de regione colorum". An diesen Stellen folgt Nikolaus der aristotelischen Lehre (vgl. De anima II 7, 418 b 26 f.). Vgl. auch Meister Eckhart Sermo 8 n. 93 (LW IV 88, 6); Quaest. Paris. I n. 12 (LW V 47, 15).

[11] Mit Bewegung, Ruhe, groß oder klein bezieht sich Nikolaus auf die sogenannten sensibilia communia. Vgl. auch n. 17 und Kap. 6 Anm. 6.

[12] Die Form, die das Sein verleiht: Vgl. De dato patris luminum 2 n. 98: „Forma autem dat esse". Quellennachweise in der kritischen Ausgabe der Heidelberger Akademie der Wissenschaften Bd. 4, Anm. zu De dato patris luminum n. 98, 2—12 und 98, 5. — Zum Text: E.-W. Platzeck, Antonianum 42, 1967, S. 302 interpretiert die vorliegende Stelle wie folgt: „Solus homo signum quaerit ab omni materiali connotatione absolutum penitusque formale, simplicem formam rei, quae dat

esse repraesentans . . . — Ceterum mihi videtur, quod virgula inter ‚esse‘ et ‚repraesentans‘ in editione tolli debet, quia signum formale ut forma rei, quae dat esse, non dat esse verum et naturale sed solum esse repraesentans. Utique est quoque signum repraesentans, sed hoc (tò esse signum) habet adhuc in communi cum signo sensibili et cum signo phantastico". Diese Interpretation trifft jedoch den Sinn der Stelle nicht. Das Zeichen, das allein der Mensch sucht, ist nicht die einfache Form eines Dinges, die das „esse repraesentans" verleiht, sondern das gesuchte Zeichen stellt die „simplicem formam rei, quae dat esse" dar. Menschliches Wissen nämlich bewegt sich nur im Bereich der Zeichen; daher muß der Mensch ein Zeichen suchen, das die Form, welche das Sein verleiht, repräsentiert. Das gesuchte Zeichen ist aber nicht identisch mit der forma quae dat esse, sondern stellt sie dar. Deshalb muß das Komma zwischen „esse" und „repraesentans" stehen. Würde es beseitigt, dann ergäbe sich eine fehlerhafte Deutung.

Kapitel 5

[1] Vgl. Aristoteles Physik I 1, 184 a 21.

[2] Vgl. Thomas von Aquin S. th. I q. 85 a. 3: „... unde philosophus dicit in 1. Phys. (vgl. Anm. 1) quod sunt primo nobis manifesta et certa confusa magis; posterius autem cognoscimus distinguendo distincte principia et elementa"; a.a.O.: „Nam prius secundum sensum diiudicamus magis commune quam minus commune et secundum locum et secundum tempus"; es folgen Beispiele.

[3] Vgl. Anm. 5 zu Kapitel 4.

[4] Da jedes Zeichen immer noch vollkommener sein kann, ist jede menschliche Erkenntnis der extramentalen Welt Annäherung an die Wahrheit; die Wahrheit jedoch wird nie erreicht. Die Schrift De coniecturis lehrt dasselbe mit größerer Ausführlichkeit; vgl. J. Koch, Die Ars coniecturalis S. 36 ff.

[5] Das Einzelseiende als cognoscibile oder sensibile per accidens: Vgl. Aristoteles De anima II 6, 418 a 20 und III 1, 425 a 21 — b 4; ferner z. B. Thomas von Aquin S. th. I q. 17 a. 2.

[6] Vgl. z. B. Thomas von Aquin, Expositio super librum Boethii De trinitate q. 5 a. 3 (Decker S. 184, 14): „Unde quantitas potest intelligi in materia subiecta, antequam intelligantur in ea qualitates sensibiles, a quibus dicitur materia sensibilis".

[7] Vgl. Kapitel 4 Anm. 5.

[8] Über den Unterschied zwischen formenden und einformenden Formen vgl. Comp. n. 35.

[9] Vgl. oben n. 3.

[10] Vgl. De docta ign. I 3 n. 9: „Aus all diesem ergibt sich, daß sich nicht zwei oder mehr so ähnliche und gleiche Dinge finden, daß sich ihre Ähnlichkeit nicht ins Unendliche steigern ließe" (Übersetzung von Wilpert).

Kapitel 6

[1] Nach Aristoteles De anima III 1, 425 a 10 f. hat der Maulwurf unter der Haut Augen. Anders Vergil Georg. I 183: „aut oculis capti fodere cubilia talpae". Vgl. auch Seneca Quaest. nat. III 16,5: „. . . pleraque ex his caeca ut talpae et subterranei mures, quibus deest lumen, quia supervacuum est".

[2] Die Vorstellungskraft beurteilt Zuträgliches und Abträgliches: Nach Avicenna De anima IV 1 f. 17va — 17vb ist die vis aestimativa, auf die Nikolaus hier anspielt, das vierte Vermögen der inneren Sinne; vgl. auch Thomas von Aquin S. th. I q. 78 a. 4; Comment. in De anima II l. 13 n. 397. Für die vorliegende Stelle ist wichtig Albertus Magnus Summa de homine q. 39 a. 3 solutio: „Dicendum quod aestimativa et phantasia operantur in eodem organo; aestimativa enim nihil aliud est quam extensio phantasiae in praxim, sicut etiam intellectus speculativus extendendo se fit practicus".

[3] Vgl. Aristoteles Categ. 4, 1 b 25—27. Zu den anderen Stellen im Corpus Aristotelicum vgl. den Index von Bonitz. Vgl. De docta ign. II 6 n. 124; De dato patris luminum 2 n. 101; De mente c. 11; De ludo globi II p I f. 165^r.

[4] Gemeint sind die fünf Prädikabilien genus, species, differentia specifica, proprium und accidens. Vgl. Porphyrios Isagoge 1—22, lat. 26—51; ferner De ludo globi II p I f. 165^r; De mente c. 8. 11 (80, 12; 96, 16—19).

[5] Die vier Kardinaltugenden (prudentia, fortitudo, temperantia und iustitia) finden sich bereits bei Platon (vgl. Staat IV 441 c ff.) und sind aus der Antike in die christliche Tradition eingedrungen. Thomas S. th. I—II q. 61 a. 1 sed contra, a. 2 sed contra und a. 3 sed contra bezieht sich auf Ambrosius, Gregor den Großen und Cicero. Auch das Weisheitsbuch des Alten Testamentes (Sap. 8, 7) nennt eine Vierzahl („sobrietatem enim et prudentiam docet et iustitiam et virtutem").

[6] Vgl. n. 10. Fünf der sogenannten „sensibilia communia" nennt Aristoteles De anima II 6, 418 a 17—20: Bewegung, Ruhe, Zahl, Gestalt und Größe"; III 1, 425 a 14—30; III 3, 428 b 22—24. De sensu et sensato 1, 437 a 3—9 schreibt Aristoteles die Wahrnehmung der sensibilia communia hauptsächlich dem Gesichtssinn zu; genannt werden Gestalt, Größe, Bewegung, Zahl; a.a.O. 5, 442 b 5—7 werden Größe, Gestalt, Rauhes, Glattes, Spitzes und Stumpfes als sensibilia communia aufgezählt; wahrgenommen werden sie „wenn nicht durch alle

Sinne, dann doch durch Gesichtssinn und Tastsinn". Die Zeit als sensibile commune: vgl. De memoria et reminiscentia 1, 450 a 9—10. Vgl. ferner Thomas von Aquin Comm. in De anima II l. 13 n. 386; III l. 1 n. 575 ff.; S. th. I q. 78 a. 3 ad 2; Bonaventura Itinerarium mentis in deum 2 u. 3: „... sensibilia communia, quae sunt numerus, magnitudo, figura, quies et motus"; Meister Eckhart Sermo 10 n. 107 (LW IV 101, 9).

[7] Über die Bedeutung des Gesichtssinnes bei der Erfassung der sensibilia communia vgl. Anm. 6.

[8] Die neun aufgezählten sensibilia communia sind nach der Lehre des Nikolaus von Kues offenbar Gegenstand des sensus communis, eine Theorie, die Thomas von Aquin Comm. in De anima II l. 13 n. 389—391 ablehnt. Vgl. Aristoteles De anima III 1, 425 a 27; Avicenna De anima IV 1 f. 17rb—va; De quaerendo deum 1 n. 24 und die Anmerkung zu n. 24,3 in der kritischen Ausgabe.

[9] Vgl. De ludo globi I p I f. 155v: „Anima est vis inventiva artium et scientiarum novarum". — Die vorliegende Stelle Comp. n. 17 könnte den Anschein erwecken, daß Nikolaus von Kues hier eine Art Abstraktionslehre vertrete. Gestützt werden könnte diese Auffassung durch Stellen wie Comp. n. 18: „Der Mensch vermag also durch die Kraft seiner Vernunft, die natürlichen Erkenntnisbilder zusammenzusetzen und zu trennen und aus ihnen Erkenntnisbilder und Erkenntniszeichen der Vernunft ... zu schaffen"; ferner durch De docta ign. II 6 n. 125 f. und 9 n. 150: Der Intellekt läßt das Allgemeine durch Abstraktion außerhalb der Dinge sein; der Intellekt abstrahiert. Indessen wird im Compendium keine Abstraktionstheorie geboten, vgl. n. 20: „Das Begreifen aber, durch das der Geist sich selbst begreift, ist das vom Geist gezeugte Wort, nämlich die Erkenntnis seiner selbst"; n. 22—23 das Beispiel vom Kartographen (der Mensch schafft die „Landkarte" seiner Erkenntnisse wie Gott die Welt schafft); n. 36: „Die Vernunft nämlich hängt von nichts ab, damit sie das geistig Erkennbare erkenne, und bedarf keines anderen von ihr Verschiedenen als Werkzeug, da sie der Ursprung ihrer Tätigkeiten ist". Die Wahrnehmungsinhalte sind für die Vernunft Anlaß, ihre eigenen Erkenntnisbilder und Vernunftzeichen zu schaffen, allerdings nicht durch die Tätigkeit eines intellectus agens, der aus den Phantasmen die Wesenheiten abstrahieren könnte. Die in De docta ign. (vgl. oben) noch vertretene Abstraktionslehre wird in De coniecturis stillschweigend aufgegeben (vgl. J. Koch, Die Ars coniecturalis S. 31 ff.). De mente 4 (V 61,1 ff.): Das Wahrnehmungsmaterial übt einen erregenden Anstoß auf die Begriffsbildung aus; De mente 5 (65,20). Damit steht Nikolaus im Compendium ebenso wie schon in De coniecturis den Denkern nahe, welche sich in der Theorie der Erkenntnis (die den intellectus agens beseitigt) der augustinischen Erkenntnislehre

mehr anschließen als der aristotelischen (Durandus de St. Porciano z. B. bezieht sich zur Begründung der Erkenntnislehre, welche vom intellectus agens absieht, auf Augustinus De musica.).

[10] Vgl. Sermo 213 n. 12 (ed. J. Koch, Cusanus-Texte I 2—5, 94, 23—27); Thomas von Aquin De veritate q. 14 a. 10 ad 5; S. c. gent. III 22; De reg. princ. I 1; S. th. I q. 91 a. 3 ad 2; I—II q. 5 a. 5 ad 1.

[11] Vgl. Comp. n. 23. Zum Wortlaut (speculator divinorum) vgl. z. B. Bonaventura Itinerarium II 7: „... speculari possumus deum nostrum"; 11: „... ad speculandum deum".

[12] Die vier letzten sittlichen Eigenschaften betreffen die in n. 16 erwähnten Kardinaltugenden.

[13] Vgl. Comp. n. 2 und Kap. 2 Anm. 5.

[14] Vgl. De ludo globi I p I f. 165ᵛ; II p I f. 165ʳ: „Creat anima sua inventione nova instrumenta ut discernat et noscat"; De beryllo c. 2. — Der Ausdruck „optische Täuschung" in der folgenden Zeile wurde der Übersetzung Gabriel — Dupré entnommen.

[15] Vgl. n. 17 und Anm. 10.

[16] Vgl. unten n. 25.

[17] Vgl. Avicenna De an. IV 1 f. 17ᵛᵃ; Thomas von Aquin S. th. I q. 78 a. 4: „Avicenna vero ponit quintam potentiam mediam inter aestimativam et imaginativam, quae componit et dividit formas imaginatas ... Sed ista operatio non apparet in aliis animalibus ab homine, in quo ad hoc sufficit virtus imaginativa".

[18] Vgl. De ludo globi II p I f. 165ʳ. — „Kunst" (ars, artificialis) ist nicht in eigentlicher Bedeutung zu verstehen; gemeint ist mit ars (und artificialis) sowohl die Kunst im eigentlichen Sinne als auch die Technik (vgl. auch De beryllo Kap. 6: Der Mensch ist Schöpfer der formae artificiales; diese formae artificiales umfassen Kunst und Technik).

[19] Vgl. De ludo globi I p I f. 155ᵛ; De princ. n. 1: „pro exercitatione intellectus"; De aequalitate n. 3 p II 1 f. 15ᵛ: „Volentes autem cum fide intrare in evangelium et modum mysterii qualitercumque secundum humani ingenii vires concipere, necesse est ut habeant exercitatum intellectum maxime circa abstractiones et animae nostrae vires"; n. 43 f. 20ʳ.

Kapitel 7

[1] Bewegung ist nach der Lehre des Aristoteles (vgl. Physik III 1, 201 a 10—11) actus existentis in potentia, in quantum est in potentia. Natur ist nach Aristoteles (vgl. Physik II 1, 192 b 21—23) principium motus et quietis in eo in quo est per se

et non per accidens. Daher ist die Natur „gewissermaßen die Einfaltung von allem, was auf Grund von Bewegung wird" (De docta ign. II 10 n. 153; vgl. Johannes von Salisbury De septem septenis 7, PL 199, 960 C; 961 C; 962 A), so daß „durch das Erkenntnisbild" der Bewegung der gesamte „Wechsel der Naturdinge" begreifbar ist.

2 Über die gewaltsame Bewegung vgl. Aristoteles Nik. Eth. III 1, 1110 a 1—3: „Gewaltsam ist ein Vorgang, dessen bewegendes Prinzip von außen her eingreift, und zwar so, daß bei seinem Einwirken die handelnde oder die erleidende Person in keiner Weise mitwirkt" (Übersetzung von Dirlmeier).

3 Vgl. Aristoteles Physik II 1, 192 b 21—32; Met. Δ 4, 1014 b 16 — 1015 a 19, besonders 1015 a 13 ff.

4 Gemeint ist Raymundus Lullus, dessen Schriften in den Codices Cusani 81—88 der Bibliothek des Nikolaus von Kues erhalten sind.

5 Gemeint ist der Evangelist Johannes mit seinem auf Christus bezogenen Logos-Begriff (vgl. Joh. 1,1 ff.).

6 Vgl. Ps. 32 (33) 6: „Verbo domini caeli formati sunt"; De filiatione dei 2 n. 58 und Anm. 3 der kritischen Ausgabe.

7 Vgl. zum vorhergehenden Satz De visione dei 10 p I f. 104r; De possest n. 46 p I f. 179r: „Das Wort Gottes ist das Begreifen seiner selbst und des Universums". — Das Wort, ohne das nichts geworden ist: Joh. 1,3: „. . . sine ipso factum est nihil quod factum est."

8 Über die Gleichheit vgl. unten n. 30 ff.; De venatione sap. 23 nn. 68—70; De aequalitate n. 34 p II 1 f. 19rv; zusätzliche Verweise bietet die kritische Ausgabe.

9 Die Luft ist ein sensibile per accidens, vgl. Anm. 10; De quaerendo deum 1 n. 19 ff.

10 Über sensibile per accidens vgl. Kap. 5 Anm. 5. Die Luft als sensibile per accidens: vgl. Aristoteles De anima II 7, 418 b 4—7.

11 Vgl. De docta ign. II 8 n. 134.

12 Vgl. De docta ign. II 8 n. 134. Augustinus De Genesi contra Manichaeos I 5: „Primo ergo materia facta est confusa et informis . . . quod credo a Graecis chaos appellari". Thierry v. Chartres Tractatus n. 24; Lectiones II 10; Glossa II 18.

13 Möglichkeit oder Werdenkönnen: Vgl. De venatione sap. 6 n. 14 — 7 n. 18; 13 nn. 34—38; De ludo globi I p I f. 157v.

14 Vgl. Aristoteles De anima II 8, 419 b 18; 420 a 11.

15 Vgl. Aristoteles De anima II 8, 419 b 19.

16 Vgl. De docta ign. III 5 n. 210 f.; De filiatione dei 4 nn. 73—75; De mente 8 (V 81, 17); De aequalitate n. 33f. p II 1 f. 19r; De ludo globi I p I f. 157v; De apice theoriae p I f. 221r: Das lautliche Wort ist Offenbarung des geistigen Wortes.

Vgl. auch Augustinus De trinitate XV 10f. nn. 17—20; Meister
Eckhart In Ioh. n. 132 (LW III 114,2 und Anm.); Sermo 12,1 n.
123 (LW IV 118,1 und Anm. 1). Über die ewige Zeugung des
Wortes in Gott vgl. Nikolaus von Kues Sermo 16 (Cusanus-
Texte I 1, 22, 6—30,4).

[17] Vgl. De mente 3 (V 56, 9 ff.); De coni. I 1 n. 5 und Anm.

[18] Unter „Musen" sind möglicherweise Bildung und Schmuck der
Rede zu verstehen, vgl. Cicero Tusc. V 66: „. . . . cum Musis,
id est cum humanitate et cum doctrina . . .". Jedoch ist diese
Deutung wenig wahrscheinlich. Vgl. De genesi 4 n. 167: Die Be-
weger (motores) der Luftröhre, der Zunge, der Lippen und des
Unterkiefers werden von den Dichtern Musen genannt.

[19] Alle Geschöpfe sind demnach „Zeichen der Offenbarung des
gezeugten Wortes". Entsprechend dem Vergleich gibt es Geschöpfe, die „Offenbarungen des inneren Wortes sind", während andere, den motores arteriarum usw. entsprechend, ihnen
„zu deren Ziel dienen". Vgl. auch Meister Eckhart Predigten
(hrsg. v. Fr. Pfeiffer, Leipzig 1857) 22 (92,39): „Alle crêatû-
ren sint ein sprechen gotes".

Kapitel 8

[1] Als Quellen für das Gleichnis vom Kosmographen kommen
Augustinus, Johannes Eriugena und Bonaventura in Frage.
Augustinus vergleicht in den Confessiones X 6 n. 9 die Sinne
mit Boten, welche der urteilenden Vernunft Bericht erstatten
(vgl. De Genesi ad litt. VII 8). Johannes Eriugena De divisione
naturae II 23 (PL 122, 569D—570A) vergleicht die Sinne mit
Toren einer Stadt, durch welche die Daten der Sinneswahrnehmung zum inneren Sinn gelangen. Bonaventura Itinerarium
2 nn. 2.3.4.6: Der Makrokosmos gelangt durch die Tore der
fünf Sinne in die menschliche Seele, d. h. in den Mikrokosmos
(minor mundus). In De mente 8 (V 83, 26—28) vergleicht Nikolaus die Sinne mit „Fenstern und Wegen".

[2] Vgl. Avicenna Met. IX 7 f. 107ra: Die Vollendung der ver-
nunftbegabten Seele besteht darin, „ut . . . describatur in ea
forma totius". Meister Eckhart zitiert diese Stelle, vgl. In Gen.
I n. 115 (LW I 270, 13—271,1); Sermo 11,1 n. 112; 55,4 n. 550
(LW IV 106,1; 460,9—461,10). Zu vergleichen ist auch Thomas
von Aquin De ver. q. 2 a. 2: Die höchste Vollendung, zu welcher die Seele nach der Lehre der Philosophen gelangen kann,
besteht darin, „ut in ea describatur totus ordo universi et
causarum eius".

[3] Über die angebliche Landkarte des Nikolaus von Kues vgl. S.
Ruge, Ein Jubiläum der dtsch. Kartographie, Globus 60 (1891)
S. 4 ff.; E. König, Konrad Peutinger und die sogenannte Karte
des Nikolaus von Cues, Festschrift der Görresgesellschaft für
G. v. Hertling 1913, S. 337 ff.; J. Metelka, O Mape Kard. Miku-

láse Cusy z Prostredka XV. Století, Praze 1895; D. B. Durand, The Vienna-Klosterneuburg Map. Corpus of the Fifteenth Century, Leiden 1952, 252—269. Es handelt sich um eine Karte von Mitteleuropa, die wir nur in Varianten kennen. Das Original muß mit Nikolaus von Kues zusammenhängen, da „Cusa" verzeichnet ist. Mehr wissen wir aber nicht, da Nikolaus sich nirgendwo darüber äußert.

4 anterioriter: Zum Wortgebrauch vgl. De non aliud 15 (XIII 39,38). Als Synonyma werden verwendet prioriter (De docta ign. II 4 n. 116; 5 n. 122; De sapientia II (V 30, 16. 18) und antecedenter (De docta ign. I 19 n. 57 f.).

5 Der Gedanke, daß die Wahrheit im Bild aufscheint, findet sich oft in den Schriften des Nikolaus von Kues; vgl. z. B. De docta ign. II 3 n. 111; De mente 5 (V 65,15 und Anm.); De ludo globi II p I f. 168ʳ. — „Im Zeichen den Bezeichneten": Vgl. De ludo globi a.a.O. Diese Auffassung dürfte zurückgehen auf den Römerbrief 1,20: „Invisibilia enim ipsius a creatura mundi per ea quae facta sunt intellecta conspiciuntur"; vgl. z. B. Bonaventura Itinerarium 2 n. 11: „per signa ad signata" und a.a.O. n. 12: „Significant autem huiusmodi creaturae huius mundi sensibilis invisibilia dei".

6 Vgl. unten n. 33; Epistula ad Nicolaum Albergati nn. 5—7 (Cusanus-Texte IV 3, 28, 3—18 und die Anmerkungen dazu); a. a. O. n. 18 (32, 27—33); De filiatione dei 6 n. 86; De sap. I (V 17,2; 22,17); in De mente ist die mens humana „einfachstes Bild des göttlichen Geistes" (V 59,5); De pace fidei 4 n. 12; De apice theoriae p I f. 221ʳᵛ. An diesen Stellen ist der menschliche Geist als die imago oder similitudo des göttlichen Geistes bezeichnet. Im Compendium dagegen ist die mens das erste Zeichen des Schöpfers (n. 23) oder der Gleichheit (n. 33).

7 Das ewige Licht: Vgl. die Communio der Totenmesse („Lux aeterna luceat eis"); Gott als das ewige Licht: Vgl. z. B. Bonaventura Itinerarium II n. 7.

8 „Allem Scharfsinn geistiger Schau unzugänglich": Vgl. 1 Tim. 6,16: „. . . lucem inhabitat inaccessibilem".

9 Daß Gott unbegreiflich ist, ist für Nikolaus von Kues wie für die anderen christlichen Denker eine Selbstverständlichkeit; vgl. z. B. De docta ign. I 4 n. 12; De venatione sap. 12 n. 31: „deus . . . non potest fieri comprehensibilis"; De non aliud 8 (XIII 1, 18,1—3): „incomprehensibiliter comprehenditur incognoscibiliterque cognoscitur, sicut invisibiliter videtur".

10 Vgl. die Anmerkung zu n. 24,5 in der kritischen Ausgabe.

11 Joh. 1,5: „Et lux in tenebris lucet, et tenebrae eam non comprehenderunt".

12 Das Spiegelgleichnis bietet Nikolaus von Kues mehrmals. Vgl. De docta ign. II 2 nn. 102. 103; 3 n. 111; De filiatione dei 3 nn. 65—67. Das Spiegelgleichnis stammt von Plotin (Enn. I 1, 8,

17; III 6, 13, 43 ff.) und gelangte über Augustinus (En. in Ps. 10 n. 11; 11 n. 2) ins Mittelalter. Vgl. Thierry von Chartres Commentum II n. 44 und n. 48; Clarenbaldus von Arras Tractatus s. librum Boethii De trinitate II 60,8 ff. (Häring S. 130); Ps.-Beda De mundi constitutione (PL 90, 902D); Meister Eckhart Sermo V 1 n. 32 (LW IV 35,5—15 und Anmerkungen).

Kapitel 9

[1] Vgl. De coniecturis II 4 n. 91: „Ita quidem alia videmus ut simplices litteras elementa, alia ut syllabas, alia ut dictiones, elementatum autem oratio est"; vgl. auch a. a. O. n. 95 und 96. Aristoteles Met. Δ 2, 1013 b 17—21: „Denn die Sprachelemente sind für die Silben . . . Ursachen, insofern sie das sind, woraus etwas wird" (Übersetzung von Bonitz); gleichlautend in Physik II 3, 195 a 16—19; Met. a. a. O. 3, 1014 a 26—30; Z 17, 1041 b 11—33; H 3, 1043 b 4 f.; De arte poetica 20, 1456 b 20—34; Thomas von Aquin Comm. in Peri herm. I l. 2 n. 7: „. . . secundum quod sunt in scriptura, dicantur litterae, secundum autem quod sunt in prolatione, dicantur elementa vocis".

[2] Buchstaben, Silben, Wörter, Rede: Vgl. Anm. 1 und außerdem Platon, Tim. 48 BC, hierzu Chalcidius (276,8—10); Martianus Capella De nuptiis Phil. et Merc. III 231: „Oratio vero ipsa tribus gradibus eruditur, id est ex litteris, syllabis et verbis". Anstelle von „verba" verwenden lateinische Grammatiker das Wort „dictio", vgl. z. B. Priscian Inst. gramm. XVII 3 (III 108, 23—109, 3). Platon Philebos 18 BC; Martianus Capella a. a. O. 258; Isidor von Spanien Etym. I 4 nn. 4. 9; Meister Eckhart In Exod. n. 152 (LW II 136,14 und Anm.). Nikolaus von Kues De genesi 4 n. 165: elementa, syllabae, dictiones, oratio; Comp. n. 18: litterae, syllabae, dictiones, orationes.

[3] Zum Wortgebrauch vgl. z. B. den Titel „De venatione sapientiae" und z. B. n. 1 dieser Schrift: „. . . meas sapientiae venationes"; ferner De ludo globi I p I f. 152ᵛ.

[4] Menschliches Denken ist in Andersheit Nachahmung der Schöpfertätigkeit Gottes; vgl. K. Bormann, Zur Frage nach der Seinserkenntnis in dem wahrscheinlich letzten philosophisch-theologischen Werk des Nikolaus von Kues, dem „Compendium", Archiv für Geschichte der Philosophie 50, 1968, S. 183 f.

[5] Aristoteles Physik II 2, 194 a 21 f.: „Die Kunst ahmt die Natur nach"; a. a. O. 8, 199 a 15—17: Nachahmung und Vervollständigung der Natur zeichnen die Kunst aus. Der Satz „Ars naturam imitatur" wurde im Mittelalter viel zitiert. Nikolaus selbst erörtert das Verhältnis von Natur und Kunst in De coniecturis II 12 nn. 131—133 in einem besonderen Kapitel (De natura et arte). Zu vergleichen ist auch De docta ign. II 1 n. 94: „Ars enim naturam imitatur quantum potest"; De ludo

globi I p I f. 152ᵛ; Sermo 213 n. 27 (Cusanus-Texte I, 2—5, 112,24 und Anm.).

⁶ Vgl. Aristoteles Met. A 1, 981 a 5—7: „Die Kunst entsteht dann, wenn sich aus vielen durch die Erfahrung gegebenen Gedanken eine allgemeine Annahme über das Ähnliche bildet" (Übersetzung von Bonitz). — „Die der Wissenschaft dienenden Weisen" (otiosi sapientes): Die sapientes sind frei von Berufsarbeiten und können deshalb als otiosi der Wissenschaft dienen, vgl. Aristoteles Met. A 1, 981 b 20 — 982 a 3.

⁷ Zur Verdeutlichung hinzugefügt, ebenso wie in n. 28 ⟨geschriebenen⟩.

⁸ Vgl. De staticis experimentis (V 137,11—17); De mente 6 (V 60, 20—70, 3); De ludo globi I p I f. 164ᵛ. An den beiden letztgenannten Stellen sieht Nikolaus den Grund für die musikalische Harmonie im richtigen Zahlenverhältnis. Boethius De musica I 10; Macrobius Comm. in somn. Scip. II 1, 8—13; Adelard von Bath De eodem et diverso (Beiträge IV 1, 1906, 27,17.20—25; 100).

⁹ Vgl. oben die Anmerkungen 5 und 6. — „Quam praesupponit, quia causam eius propter quid ignorat": Vgl. Arist. Met. A 1, 981 a 28—30. Vgl. auch De filiatione dei 2 n. 57: „Est autem magisterium transumptio scientiae particularium in universalem artem" etc.

Kapitel 10

¹ Vgl. De venatione sap. 33 n. 98: „... in diffinitione, quae est vocabuli explicatio, scientiae lumen affirmavit".

² Zum Begriffspaar „complicatio — explicatio" (vgl. n. 30) vgl. De docta ign. II 9 (I 92,16—19 u. Anm.).

³ Vgl. die Anmerkung in der kritischen Ausgabe (zu n. 28,8—14 und 28,12).

⁴ Man ist zunächst versucht, an die Schrift De principio (Über den Ursprung, übers. v. M. Feigl, Heidelberg 1949) zu denken. Tatsächlich aber hat diese Schrift mit den im Compendium Kap. 10 vorgetragenen Gedanken kaum Berührungspunkte. Dagegen entsprechen die Ausführungen in diesem Kapitel über das Können dem, was Nikolaus in der im Frühsommer 1464 verfaßten Schrift De apice theoriae über das posse darlegt. Daher dürfte es wahrscheinlich sein, daß die im ersten Satz von n. 29 erwähnte „Betrachtung... über die Art der Ursprungserkenntnis" auf De apice theoriae zurückgeht, wenngleich das Wort „Ursprung" selten verwendet wird. Für die Datierung des Compendiums ergibt sich hieraus mit einiger Wahrscheinlichkeit, daß es nach De apice theoriae im Todesjahr des Nikolaus geschrieben wurde. — Ausführlich erörtert Nikolaus den „Ursprung" in De possest n. 56 ff. (p I f. 180ʳᵛ).

Aber was dort vorgebracht wird, kann nicht als Parallele zu Comp. Kap. 10 angesehen werden.

[5] Vgl. De apice theoriae p I f. 219^rv.

[6] Vgl. unten n. 30: „In seiner Gleichheit zeigt sich das Können als im höchsten Grade mächtig. Denn aus sich die Gleichheit seiner selbst zeugen zu können, bedeutet ein Höchstmaß an Macht".

[7] Vgl. De ludo globi I p I f. 163^v: Gott eint alles in sich.

[8] Der Ternar „posse, aequale, unum" (durch „simile" zum Quaternar erweitert) ist eine Umbildung des in den früheren Schriften vorkommenden Ternars „unitas, aequalitas, conexio". Dieser geht zurück auf Augustinus De doct. christ. I 12 (CSEL LXXX 11,6 ff.) und wird besonders von der Schule von Chartres übernommen; vgl. den Apparat zu De docta ign. I 7 (I 15,2 f.); 8 (17,3—5); 9 (18,26) und die a. a. O. 19,9—11 angegebenen Parallelen in den Schriften des Nikolaus von Kues.

[9] Vgl. De docta ign. II 7 n. 128: „Nichts scheint dem Können vorherzugehen. Wie sollte denn auch etwas sein, wenn es nicht hätte sein können"; ähnlich De apice theoriae p I f. 219^r.220^v. 221^r.

[10] Vgl. De apice theoriae p I f. 221^r: „Non est nisi esse potest".

[11] Vgl. De ludo globi I p I f. 157^v; De apice theoriae p I f. 219^v.

[12] Vgl. De docta ign. II 4 n. 113: „Gott... geht in absoluter Weise dem Verschiedenen und Entgegengesetzten, wie z. B. den kontradiktorischen Gegensätzen, zwischen denen es kein Mittleres gibt, voraus und einigt es". Während aber in der Schrift De docta ign. Gott die Koinzidenz der Gegensätze ist, wird in De coniecturis gelehrt, daß Gott jenseits des Zusammenfalles der Gegensätze steht. Compendium n. 29: „Est enim ante esse et non esse" muß in derselben Weise verstanden werden. Vgl. auch J. Koch, Die Ars coniecturalis S. 45 f.

[13] Vgl. De docta ign. I 6 n. 15: „Außerdem könnte nichts sein, wenn das schlechthin Größte nicht wäre... Es muß also ein schlechthin Größtes geben, ohne das nichts sein kann"; n. 16: „Es läßt sich also nichts als seiend denken ohne das Größte"; De apice theoriae p I f. 219^rv und die in der kritischen Ausgabe des Compendium zu n. 29,14—15 angegebenen Stellen.

[14] Zu „complicatio — explicatio" vgl. oben Anm. 2.

[15] Vgl. De aequalitate n. 38 p II 1 f. 19^v: Das Gleiche verhält sich auf ein und dieselbe Weise.

[16] Potentia enim seu virtus unita fortior est: Meister Eckhart In Ioh. n. 718: „Virtus enim unita fortior est". Vgl. De docta ign. I 21 n. 63: „Unde eius potentia cum sit unissima, est et fortissima et infinitissima"; De principio n. 8 p II 1 f. 7^v; De ludo globi II p I f. 164^r: „... deus... est vis maxime unita et simplex". Liber de causis XVI (XVII): „Omnis virtus unita plus est infinita quam virtus multiplicata".

[17] Vgl. oben Anm. 2. Daß Gott die Einfaltung von allem ist und alles ausfaltet, lehrt Nikolaus von Kues immer; vgl. z. B. De docta ign. II 3 n. 107.

[18] Wie die Scholastiker (vgl. z. B. Albertus Magnus Met. IX tr. 4 c. 1; Thomas von Aquin S. th. I q. 2 a. 3 secunda via; Johannes Duns Scotus De primo principio Kap. 2 concl. 1: „Quia nulla omnino res essentialem ordinem habet ad se") lehnt Nikolaus von Kues die Möglichkeit einer causa sui ab; vgl. De docta ign. II 9 n. 141: „... nichts kann sich selbst in die Wirklichkeit hervorbringen, weil es sonst Ursache seiner selbst wäre"; De venatione sap. 7 n. 17. Vgl. auch Aristoteles Met. Θ 8, 1049 b 24 ff.

[19] Vgl. De docta ign. II 4 n. 112 Überschrift: „... universum ... est similitudo absoluti"; De dato patris luminum 2 n. 99: „Talis autem receptio cum sit cadens a veritate se communicantis ad similitudinem et imaginem vergit"; De genesi 1 n. 149: „... sancti creaturam dei dixerunt similitudinem et imaginem"; De beryllo 13 (XI 1, 13,9): „... omnia creabilia non sunt nisi similitudo"; 18 (21,15).

[20] Vgl. oben n. 1. Im Bereich des Endlichen gibt es keine völlige Gleichheit der Dinge untereinander; vgl. De docta ign. I 3 n. 9; 17 n. 49; II 11 n. 156; De aequalitate n. 35 (p II 1 f. 19r und 19v).

[21] Vgl. die Anmerkung der kritischen Ausgabe zu n. 32,5; Meister Eckhart In Ioh. nn. 26.123 (LW III 21,4; 107,8 u. Anmerkungen).

[22] Vgl. oben n. 10.

[23] Seins- und Erkenntnisform aller Dinge: Vgl. die Anmerkung zu n. 24,5 in der kritischen Ausgabe; De aequalitate n. 34 p II 1 f. 19r: „... cum ratio aequalitatis sit forma essendi".

[24] Vgl. die Ausführungen in n. 24 über die Seinsform.

[25] Vgl. De apice theoriae p I f. 221rv: „Was der Geist sieht, ist Intelligibles und Früheres als das Sinnenfällige. Der Geist sieht also sich, und da er sieht, daß sein Können nicht das Können jedes Könnens ist, da ihm vieles unmöglich ist, deshalb sieht er, daß er nicht das Können selbst, sondern ein Bild des Könnens selbst ist. Da er also in seinem Können das Können selbst sieht und nur sein eigenes Seinkönnen ist, so sieht er, daß er eine Weise der Erscheinung des Könnens selbst ist. Und eben dieses sieht er auf ähnliche Weise in allem, was ist. Alles also, was der Geist sieht, sind Weisen der Erscheinung des unzerstörbaren Könnens selbst".

[26] Vgl. oben n. 23.

[27] Vgl. Ps. 4,7: „Signatum est super nos lumen vultus tui, domine".

[28] Vgl. n. 17; De aequalitate n. 35 p II 1 f. 19v.

²⁹ Vgl. Matth. 7,12: „Alles also, was ihr wollt, daß euch die Menschen tun, das tut auch ihnen"; Luc. 6,31; Sermo 18 n. 39 (Cusanus-Texte I 6, 79,17 und Anm.). De aequalitate n. 36 p II 1 f. 19ᵛ: „quod tibi vis fieri, alteri fac" als Regel der Gleichheit. Die negative Formulierung bietet De docta ign. III 6 n. 216: „... ne quis faciat alteri quod sibi fieri nollet"; vgl. Tobias 4,16.

³⁰ Vgl. De venatione sap. 1 nn. 2—5: Die Weisheit ist Nahrung des Intellekts; De ludo globi I p I f. 159ʳ: Die unvergänglichen Tugenden sind die geistige Speise der unvergänglichen Seele.

³¹ Vgl. oben n. 2.

³² Platons Sonnengleichnis (Politeia VI 508 a ff.) wirkte bekanntlich auf den Neuplatonismus in hohem Grade ein. In das Mittelalter gelangte die Lichtsymbolik durch Ps.-Dionys. Zum Bild der Sonne, die „das strahlende Abbild der göttlichen Güte" ist, vgl. Ps.-Dionys De divinis nominibus IV 4. Vgl. auch J. Koch, Über die Lichtsymbolik im Bereich der Philosophie und der Mystik des Mittelalters, Studium Generale 13. Jahrg. Heft 11, 1960, 653 ff.

³³ Vgl. De apice theoriae p I f. 219ᵛ: „Respicias igitur ad lucem sensibilem, sine qua non potest esse sensibilis visio, et attende ... quod luce subtracta nec color nec visibile nec visus manere potest."

³⁴ Vgl. oben n. 2; De aequalitate nn. 36—37 p II 1 f. 19ᵛ: „Et ita vides penitus nihil posse subsistere nisi in aequalitate. In omnibus enim quae sunt, quatenus sunt, relucet aequalitatis ratio".

³⁵ Vgl. De aequalitate n. 40 p II 1 f. 20ʳ: „... sublata aequalitate nihil intelligitur ...". — Die beiden Wahrheitsdefinitionen: Die Formel, Wahrheit sei aequatio (oder adaequatio) rei et intellectus, wird Isaak Israeli zugeschrieben (vgl. Thomas von Aquin De veritate q. 1 a. 1; S. th. q. 16 a. 2 arg. 2), jedoch wurde sie in den Schriften des Isaak Israeli bisher nicht gefunden; vgl. I. T. Muckle, Isaac Israeli's Definition of Truth, AHDLMA 8, 1933, 5—8. Vgl. auch Avicenna Met. I 9 (f. 74ʳᵛ). Über Averroes vgl. die Ausgabe der Summa theologica des Alexander Halensis, S. th. I 142 n. 2. Wahrheit wird auch De aequalitate n. 37 p II 1 f. 19ᵛ als adaequatio rei et intellectus bestimmt; ähnlich in De venatione sap. 36 n. 106. — Wahrheit als adaequatio rei ad intellectum: Vgl. Robert Grosseteste De veritate (ed. L. Baur, Beiträge IX 134,17 ff.); Johannes Gerson De duplici logica (Glorieux III 58,21 f.).

³⁶ Vgl. De aequalitate n. 36 p II 1 f. 19ᵛ: „Neque est quicquam verum nisi in quantum participat aequalitatis unitatem seu rationem". Vgl. auch Anm. 34 und 35.

Kapitel 11

[1] Vgl. De beryllo 18 (XI 20,12): Die sinnliche Erkenntnis erweist sich als „similitudo intellectus"; a.a.O. (20,15): Die Seele als „similitudo intellectus sentit libere". In De venatione sap. 36 n. 106 führt Nikolaus die Auffassung, das Sinnenfällige sei „similitudo" des Wahren, weil es Bild des Intelligibeln sei, auf Ps.-Dionys und Platon zurück; vgl. auch a.a.O. 37 n. 109. In De coniecturis II 16 nn. 155—170 bietet Nikolaus ein langes Kapitel „Über die menschliche Seele". Es lassen sich aber nur sehr wenige Beziehungen zwischen diesem Kapitel und dem Compendium feststellen.

[2] Die formae informantes et formae formantes wurden in n. 14 erwähnt; vgl. Anm. 8 zu Kap. 5.

[3] Die Vernunft als Ursprung der auf ein Ziel gerichteten Tätigkeiten: Vgl. De ludo globi I p I f. 156^r: Die Natur wird durch die Vernunftkraft bewegt. Vgl. Aristoteles Met. A 3, 984 b 15—18: „Wie also jemand erklärte, daß Vernunft wie in den lebenden Wesen so auch in der Natur die Ursache aller Schönheit und aller Ordnung sei, da erschien er gegen die Früheren wie ein Nüchterner gegen Irreredende" (Übersetzung von Bonitz); vgl. Physik VIII 5, 256 b 24—27. Vgl. auch Liber de causis VIII (IX) 82: „Intelligentia est princeps rerum quae sunt sub ea et retinens eas et regens eas, sicut natura regit res quae sunt sub ea per virtutem intelligentiae. Et similiter intelligentia regit naturam per virtutem divinam". Zu vergleichen ist auch Meister Eckhart In Gen. I n. 6 (LW I 189, 9—13): „Intellectus enim est principium totius naturae". — Das Werk der Natur ist ein Werk der Vernunftkraft: Meister Eckhart Q. Paris. I n. 5 (LW V 42,3): „Dicimus enim omnes quod opus naturae est opus intelligentiae"; Nikolaus von Kues schreibt De docta ign. II 9 n. 147 diese Lehre den Peripatetikern zu: „Trotz ihrer Lehre vom Werk der Natur als Werk einer Vernunft lassen die Peripatetiker...". Vgl. Aristoteles Physik II 6, 198 a 10—13; Thomas von Aquin Sent. I d. 35 q. 1 a. 1; II d. 25 q. 1 a. 1; De pot. q. 1 a. 5.

Kapitel 12

[1] Vgl. die Ausführungen über die Gleichheit in n. 19 und 30; außer der Anm. 8 des Kapitels 7 sind zu vergleichen De aequalitate n. 38 p II 1 f. 19^v; De ludo globi II p I f. 163^v.

[2] Nikolaus verweist hier auf seine Schrift De ludo globi. Das Verhältnis der Kugel zur Bewegung wird erörtert I p I f. 154^v.

[3] Vgl. oben n. 34; De aequalitate nn. 35. 36. 38. 40; ferner De coniecturis II 17 n. 173 ff.

Kapitel 13

[1] Die Erörterung des ersten Ursprungs beginnt in n. 29. Jetzt erfolgt bis n. 43 die psychologische Grundlegung der Theorie.

[2] Vgl. oben n. 19.

[3] Vgl. De mente 5 (V 65,23—66,2).

[4] Spiritus sensitivus (sinnenhafter Geist): Vgl. De coniecturis II 16 n. 164 über den spiritus visivus; De mente 8 (V 82,18—83, 1.15—22); Witelo Perspectiva III 4 (Beiträge III 2, 135,17): „... spiritum visibilem ...".

[5] Daß Wahrnehmen ein gewisses Erleiden ist, sagt schon Aristoteles De anima I 5, 410 a 25; 11, 424 a 1. Nikolaus betont aber, daß Wahrnehmen nicht nur Erleiden ist; vgl. n. 35.

[6] Die Begründung „da es auf den Körper einwirkt" erfolgt auf Grund des Prinzips, daß das Wirkende von höherem Rang ist als das Erleidende. Vgl. Aristoteles De anima III 5, 430 a 18: „Immer nämlich ist das Wirkende edler als das Erleidende"; Augustinus De Gen. ad litt. XII 16: „Nec sane putandum est facere aliquid corpus in spiritu, tamquam spiritus corpori facienti materiae vice subdatur. Omni enim modo praestantior est qui facit ea re, de qua aliquid facit; neque ullo modo spiritu praestantius est corpus, immo perspicuo modo spiritus corpore; vgl. auch De musica VI 4 n. 7; 5 n. 8; Thomas von Aquin Sent. IV d. 1 q. 1 a. 4. arg. 3; De veritate q. 27 a. 4 arg. 11; S. th. III q. 62 a. 1 arg. 2; Meister Eckhart Collatio in libros Sententiarum n. 3 (LW V 20,4).

[7] Die Bedeutung der Aufmerksamkeit in der Erkenntnis: Vgl. De coniecturis II 16 n. 157; De quaerendo deum 2 n. 33; De visione dei 22 p I f. 111^v; De ludo globi II p I f. 166^r; Comp. n. 41. Die Funktion der Aufmerksamkeit in der Erkenntnis wurde vornehmlich von Augustinus gesehen, vgl. De trinitate XI 8 n. 15: „Ita et ambulantes intenta in aliud voluntate nesciunt qua transierint" usw.

[8] Vgl. oben n. 35 über die sinnenhafte Seele als Ähnlichkeit oder Bild der Intelligenz.

[9] Vgl. De coniecturis II 16 n. 170; Aristoteles De sensu et sensato 3, 439 a 18 — b 8; De anima II 7, 418 a 26 ff.

[10] Daß in der Sinneswahrnehmung eine Entstofflichung erfolgt, lehrt Aristoteles; vgl. De anima II 12, 424 a 17—19; III 2, 425 b 23 f.; 8, 431 b 28 — 30; 432 a 9 f.

[11] Die gänzlich farblose Oberfläche ihres Durchsichtigen: Vgl. De quaerendo deum 1 n. 20: Damit der Gesichtssinn alle Farben wahrnehmen kann, ist er selbst ohne jede Farbe; De venatione sap. 6 n. 15; Aristoteles De anima II 7, 418 b 26—28; Meister Eckhart Sermo 8 n. 93 (LW IV 88,6 und Anm.).

[12] Vgl. oben Anm. 7.

[13] Vgl. Augustinus De fide et symbolo 10 n. 23: Der Mensch besteht aus Geist, Seele und Körper. Nikolaus zitiert diese Stelle De concordantia cath. I 4 n. 23; vgl. auch a.a.O. I 6 n. 34.

[14] Vgl. De quaerendo deum 2 n. 33; n. 35 über die Funktion des unterscheidenden Geistes in der Wahrnehmung; De mente 5 (V 64,2—8.24-65,10); De ludo globi II p I f. 164ᵛ; De coniecturis I 8 n. 32: „. . . sensus ut sic non negat, negare vult discretionis est; tantum enim affirmat sensibile esse, sed non hoc aut illud"; a.a.O. n. 33; 11 n. 57; II 14 n. 140; 16 n. 157; De venatione sap. 22 n. 67. Vgl. Boethius De musica I 9. — Zum Folgenden (Jenes Licht . . . wird von oben gegeben): vgl. oben n. 33.

[15] Vgl. De docta ign. II 13 n. 177: Gott ist das Licht, in dem es keine Dunkelheit gibt. „Diese unterscheidende und durchdringende Helligkeit ist gleichsam in immaterieller Weise eingeschränkt im Leben derer, die ein geistiges Leben leben"; De quaerendo deum 2 f. nn. 35—38; über die Relation aller geschaffenen Seienden zum göttlichen Licht vgl. De venatione sap. 6 n. 14 f.

[16] Tierkreis oder Lebenskreis: Circulus vitae soll offenbar Übersetzung von zodiacus (Tierkreis) sein, wobei die erste Silbe von ζωή (Leben) statt von ζῷον abgeleitet ist (vgl. De staticis experimentis V 133,19 und die Übersetzung von Menzel S. 38 u. S. 75 Anm. 83). — Der Tierkreis ist in Comp. n. 43 eine Parallele zu der „animalitas", der Sinnenwesenhaftigkeit, die der Erleuchtung durch das nicht sinnenfällige Licht bedarf. — Der Vergleich des Himmels mit dem Glas war ganz im Sinne der alten Astronomie, welche den Himmel als eine gläserne Hohlkugel auffaßte. Über die astronomischen Vorstellungen des Nikolaus informieren die Kapitel 11 und 12 des zweiten Buches De docta ign. und die Textseite in Cod. Cus. 211 f. 55ᵛ; abgedruckt als Anhang zu E. Hoffmann, Das Universum des N. v. C. von R. Klibansky (CST. I S. 41—45). Die astronomischen Lehren, die als Quelle für die Astronomie des Nikolaus von Kues in Betracht kommen, sind in den Anmerkungen der Ausgaben von Klibansky und Wilpert angegeben.

[17] Was bisher erörtert wurde, ist — einschließlich der Logosspekulation in Kap. 7 und den Ausführungen über den ersten Ursprung in Kap. 10 — das Ergebnis der Vernunfterkenntnis. Der eigentliche Glaubensbereich wurde bisher im Compendium nicht berührt.

Schluß

[1] In Frage kommen vor allem De coniecturis, De quaerendo deum, De mente, De beryllo, De aequalitate, De possest, De venatione sapientiae, De ludo globi und De apice theoriae. Vgl. die Parallelverweise in den Anmerkungen.

[2] In De venatione sap. 12—19 nn. 31—55 gibt Nikolaus von Kues einen Rückblick über seine philosophische Entwicklung, die ihn immer wieder neue Namen für den ersten Ursprung finden läßt. Seine Entwicklung vom possest-Begriff zum „posse ipsum" begründet er in der Schrift De apice theoriae p I f. 219[r]. Die Entwicklung des Gottesbegriffes bei Nikolaus von Kues von De docta ignorantia bis zu De apice theoriae untersucht Joh. Uebinger, Die Gotteslehre des Nikolaus Cusanus, Münster-Paderborn 1888. Für die Gotteslehre ist besonders zu beachten R. Haubst, Die Bedeutung des Trinitätsgedankens bei Nikolaus von Kues, Trierer Theol. Zeitschrift 61, 1952 n. 1, 21—29; Das Bild des Einen und Dreieinen Gottes in der Welt nach Nikolaus von Kues, Trier 1952; Die Christologie des Nikolaus von Kues, Freiburg 1956. Das Philosophieren des Nikolaus von Kues ist eine unaufhörliche Denkbewegung, die sich in ständig neuem Ansatz um die Beschreibung des ersten Ursprungs bemüht. Ihn beschäftigt letztlich nur ein Grundproblem, dessen — von neuplatonischen Motiven entscheidend bestimmte — Untersuchung in wechselnden Formulierungen das tiefste Anliegen des cusanischen Philosophierens ist.

Epilog

[1] Zum Wort „directio" (Anleitung) vgl. das Vorwort der Ausgabe des Werkes „Directio speculantis", XIII, S. VIII f.

[2] Joh. 14,8. Diese Bibelstelle wird von Meister Eckhart oft angeführt und interpretiert, vgl. Pr. 13 (DW I 217,5 und 218 Anm. 1); In Ioh. nn. 546—576 (LW III).

[3] Den Vater des Wortes: Vgl. oben n. 19 und 21. — Vater der Gleichheit: Vgl. oben n. 29; nn. 30—34. — Der Vater als das Können: Vgl. oben n. 29. Schon in De possest n. 60 p I f. 180[r] wurde das uneingeschränkte Können mit dem allmächtigen Vater identifiziert: „Sed cum christiani dicant aliam esse personam ipsius absoluti posse quam nominamus patrem omnipotentem...". Vgl. ferner De apice theoriae p I f. 220[v] und 221[v].

[4] Vgl. n. 32. Dort wird die Gleichheit, durch die das Können alles macht, als Objekt jeder Erkenntnis bezeichnet. Vgl. auch De apice theoriae p I f. 220[v].

[5] Vgl. oben n. 29.

[6] Die Formel „deus (oder an der vorliegenden Stelle: ipsum posse) est omne, quod esse potest" hat im Werk des Nikolaus von Kues zwei Bedeutungen: a) Gott ist alles, was er sein kann, d. h. weil Gott alles actu ist, was er sein kann, fallen in ihm alle Gegensätze zusammen. Zu dieser Bedeutung vgl. P. Wilpert, Das Problem der coincidentia oppositorum in der Philosophie des Nikolaus von Cues, in: Humanismus, Mystik und

Kunst in der Welt des Mittelalters, hrsg. von J. Koch (Studien und Texte zur Geistesgeschichte des Mittelalters, Bd. III), S. 39—55. b) Gott ist alles, was sein kann (vgl. Sermo 18 n. 14, Cusanus-Texte I 6, 40, 11: „Aber gott allein is alles das da syn mach"; vgl. die Belege in der kritischen Ausgabe des Compendiums n. 45,7). Die Bedeutung dieser Aussage ist: Gott ist alles (vgl. z. B. De docta ign. I 2 n. 5) in der Weise der Einfaltung, aber so, daß er in der Weise der Ausfaltung nichts von allem ist (vgl. die Belege in der kritischen Ausgabe). Im Compendium n. 45 zeigt der Kontext, daß „Hoc cum sit omne, quod esse potest" bedeutet: Das Können selbst ist alles, was sein kann; deshalb ist es auch alle Dinge. — Zur Quellenfrage vgl. die kritische Ausgabe.

[7] Vgl. n. 46: „... das Können, im Vergleich zu dem es nichts Mächtigeres gibt, da nur dieses allein ohne Veränderung seiner selbst alles sein kann ..."; De docta ign. III 3 n. 201.

[8] Diese Gleichsetzung des posse mit dem omne posse esse wurde in der Schrift De apice theoriae nicht vorgenommen; vgl. p I f. 220^r: „Nec in iis, quae aut sunt aut vivunt aut intelligunt, quicquam aliud videri potest quam posse ipsum, cuius posse esse, posse vivere et posse intelligere sunt manifestationes". Hier wird also unterschieden zwischen dem posse ipsum und dem posse esse und überhaupt einem bestimmten posse (vgl. f. 221^r: „Posse cum addito imago est ipsius posse ... Ita posse esse est imago ipsius posse"), während im Compendium diese Differenzierung aufgehoben ist (vgl. auch De possest n. 20 p I f. 176^r).

[9] Das Können-Sein als Grund der Realität: Vgl. oben n. 29; De possest n. 20 p I f. 176^r: „Denn wenn das Können-Sein nicht ist, ist nichts".

[10] Vgl. die vorhergehende Anmerkung.

[11] Vgl. die in Anmerkung 8 zitierte Stelle aus De apice theoriae.

[12] Vgl. oben n. 30.

[13] Die Dinge als Zahlen: Vgl. die Ausführungen des Aristoteles über die Pythagoreer Met. A 5, 985 b 23 ff.; Thierry von Chartres Tractatus n. 36: „Die Erschaffung der Zahlen ist die Erschaffung der Dinge".

[14] Vgl. De docta ign. I 5 n. 14: „Die Einheit kann aber nicht Zahl sein, denn die Zahl läßt ein Mehr oder Weniger zu und kann deshalb unmöglich ein schlechthin Kleinstes oder Größtes sein. Die Einheit ist vielmehr als Kleinstes Prinzip jeder Zahl, sie ist als Größtes Grenze jeder Zahl" (Übersetzung von Wilpert). De possest n. 57 p I f. 180^r: „Vides ergo primum principium unitrinum ante omnem numerum"; De apice theoriae p I f. 220^v: „Qui vero mundi et rerum novitatem affirmant, ad ipsius posse apparitionem mentem converterunt, quasi si quis ad posse unitatis visum mentis converteret, ille

utique in omni numero et pluralitate non videret nisi posse ipsum unitatis quo nihil potentius, et videret omnem numerum non nisi apparitionem ipsius posse unitatis innumerabilis et infinibilis. Numeri enim nihil sunt nisi speciales modi apparitionis ipsius posse unitatis". Daß es in Gott keine Zahl gibt und daß er selbst keine Zahl ist, lehrten vor allem die unter neuplatonischem Einfluß stehenden Theologen und Philosophen, vgl. z. B. Boethius De trinitate 2: „Quocirca hoc vere unum, in quo nullus numerus"; 3: „Deus vero a deo nulla differt ... Ubi vero nulla est differentia, nulla est omnino pluralitas, quare nec numerus, igitur unitas tantum". Meister Eckhart Sermo 10 n. 104 (LW IV 99,9 f.): „Sic deus unus sine numero omni et super numerum" (in einer a.a.O. im Apparat angegebenen Parallelstelle zitiert Eckhart Macrobius); n. 105 (100,1): „In deo enim non est numerus", wofür acht Gründe angeführt werden (in einer a.a.O. im Apparat angegebenen Stelle wird Boethius zitiert).

[15] Vgl. oben n. 38; De docta ign. II 3 n. 105: „Die unendliche Einheit ist demnach die Einfaltung von allem ... wie die Einheit Einfaltung der Zahl ist ... wie sich in der Zahl, die die Einheit entfaltet (in numero explicante unitatem), nur die Einheit findet"; n. 108: „Die Zahl ist die Entfaltung der Einheit"; Apologia doctae ign. (II 17,26—18,3 und Anmerkung; 27,6—8); Sermo 18 n. 7 (Cusanus-Texte I 6, 30,10—15); Boethius, De institutione arithmetica I 3.

[16] Vgl. Apologia doctae ign. (II 16,24—17,2): Die Zahl ist „Entfaltung der Kraft der Einheit".

[17] Vgl. oben n. 45 und die Anmerkungen 6 und 7.

[18] Vgl. oben n. 29.

[19] Vgl. oben n. 45 über den einen „Gegenstand des geistigen und des sinnlichen Sehens".

[20] Vgl. De apice theoriae p I f. 220r: „... omnia ad hoc ordinata ut mens ad posse ipsum, quod videt a remotis, currere possit et incomprehensibile quam optimo potest modo comprehendat ..."; f. 221r; De beryllo 3 (XI 1 5,7): „Oportet te primum attendere unum esse primum principium ... a quo omnia in esse prodeunt, ut se ipsum manifestet"; 36 (49,1 ff.): „... praesuppositum est divinum intellectum omnia creasse ut se ipsum manifestet ..."; Sermo 16 (Cusanus-Texte I 1, 30,18): „Deus creavit omnia propter se ipsum); Epistula ad Nicolaum Albergati n. 3 (Cusanus-Texte IV 3, 26,16—21 und die Anmerkungen); Cribratio Alcoran II 16 p I f. 139r.

[21] Vgl. die in Anm. 20 zitierte Stelle aus der Epistula ad Nicolaum Albergati: „finis igitur creationis ipse est qui et principium". Über Gott als causa finalis vgl. die kritische Ausgabe, Anmerkung zu n. 47,6.

[22] Vgl. Aristoteles Physik II 3, 195 a 23—25; Thomas von Aquin zu dieser Stelle (lect. 5 n. 11): „est enim causa finalis aliarum causarum causa . . .". Vgl. auch die Anmerkung zu n. 47,6 der kritischen Ausgabe. — Zum Folgenden („. . . diese kurze und stark zusammenfassende Anleitung"): Mit der „directio" (Anleitung) ist keineswegs das gesamte Compendium gemeint; directio bezieht sich nur auf den Epilog, vgl. n. 45.

VERZEICHNIS DER SIGLEN

AHDLMA   Archives d'Histoire Doctrinale et Littéraire du Moyen Age, Paris 1926 ff.

Beiträge (BGPhMa) (BGPhThMa)   Beiträge zur Geschichte der Philosophie des Mittelalters. Münster 1891 ff. Ab 1930: Beiträge zur Geschichte der Philosophie und Theologie des Mittelalters

CCSL   Corpus Christianorum, series Latina, Turnhout 1954 ff.

CSEL   Corpus scriptorum ecclesiasticorum Latinorum, ed. Academia Litterarum Caesarea Vindobonensis, Vindobonae 1866 ff.

CST   Cusanus-Studien I—VIII, Sitzungsberichte der Heidelberger Akademie der Wissenschaften, Phil.-hist. Klasse, Heidelberg 1930—1963

CT   Cusanus-Texte I—V, Sitzungsberichte der Heidelberger Akademie der Wissenschaften, Phil.-hist. Klasse, Heidelberg 1929—1960

DW   Meister Eckhart, Die deutschen Werke, hrsg. im Auftrag der Deutschen Forschungsgemeinschaft, Stuttgart-Berlin 1936 ff.

h   Nicolai de Cusa opera omnia iussu et auctoritate Academiae Litterarum Heidelbergensis ad codicum fidem edita, Leipzig-Hamburg 1932 ff.

LaW   Life and Works of Clarembald of Arras, A Twelfth-century Master of the School of Chartres, ed. N. M. Häring, Pontifical Institute of Mediaeval Studies, Studies and Texts X, Toronto 1965

LW   Meister Eckhart, Die lateinischen Werke, hrsg. im Auftrag der Deutschen Forschungsgemeinschaft, Stuttgart-Berlin 1936 ff.

MFCG   Mitteilungen und Forschungsbeiträge der Cusanus-Gesellschaft, Mainz 1961 ff.

p   Editio Parisina. Nicolai Cusae Cardinalis opera, Parisiis, apud Iod. Badium Ascensium 1514

PL   Patrologiae cursus completus, series Latina, accurante I. P. Migne, Paris 1844 ff.

Schriften   Nikolaus von Cues, Predigten 1430—1441, Deutsch von J. Sikora (†) und E. Bohnenstädt, Schriften des Nikolaus von Cues. Im Auftrage der Heidelberger Akademie der Wissenschaften hrsg. von E. Hoffmann, Heidelberg 1952

LITERATURNACHWEIS

I. Schriften des Nikolaus von Kues

APOLOGIA DOCTAE IGNORANTIAE, Opera omnia h II, ed. R. Klibansky, Leipzig 1932

COMPENDIUM, Opera omnia h XI 3, edd. B. Decker † — C. Bormann, Hamburg 1964
> Straßburg 1488, II t6ʳ—v 5ᵛ; Nachdruck Berlin 1967, p. 443—454
> Mailand 1502, fol. 321ʳ—329ᵛ
> Paris 1514, I fol. 169ʳ—174ʳ
> Basel 1565, I p. 239—249

CRIBRATIO ALCORAN, Opera p I, Paris 1514, fol. 123ᵛ—151ᵛ

DE AEQUALITATE, Opera p II, Paris 1514, fol. 15ʳ—21ʳ

DE APICE THEORIAE, Opera p I, Paris 1514, fol. 219ʳ—221ᵛ

DE BERYLLO, Opera omnia h XI 1, ed. L. Baur, Leipzig 1940
> Nikolaus von Kues, Philosophisch-theologische Schriften, hrsg. von L. Gabriel; übers. von D. und W. Dupré; lateinisch-deutsch; Bd. 3 S. 1—91, Wien 1967

DE CONCORDANTIA CATHOLICA, Opera omnia h XIV 1—3, ed. G. Kallen, Hamburg 1959—1965

DE CONIECTURIS, Opera p I, Paris 1514, fol. 41ᵛ—64ᵛ
> Opera omnia h III, ed. I. Koch † — C. Bormann, Hamburg (erscheint 1970.)

DE DATO PATRIS LUMINUM, Opera omnia h IV, ed. P. Wilpert, Hamburg 1959

DE DEO ABSCONDITO, Opera omnia h IV, ed. P. Wilpert, Hamburg 1959

DE DOCTA IGNORANTIA, Opera omnia h I, edd. E. Hoffmann — R. Klibansky, Leipzig 1932

DE DOCTA IGNORANTIA LIBER I — DIE BELEHRTE UNWISSENHEIT BUCH I, Schriften des Nikolaus von Kues in deutscher Übersetzung, lateinisch-deutsche Parallelausgabe, H. 15a, ed. P. Wilpert, 2. Auflage besorgt von H. G. Senger, Hamburg 1970

DE FILIATIONE DEI, Opera omnia h IV, ed. P. Wilpert, Hamburg 1959

DE GENESI, Opera omnia h IV, ed. P. Wilpert, Hamburg 1959

DE LUDO GLOBI, Opera p I, Paris 1514, fol. 152ʳ—168ᵛ
> VOM GLOBUSSPIEL, Schriften des Nikolaus von Kues in deutscher Übersetzung, H. 13, ed. G. v. Bredow, Hamburg 1952

DE PACE FIDEI, Opera omnia h VII, edd. R. Klibansky — H. Bascour, Hamburg 1959

DE POSSEST, Opera p I, Paris 1514, fol. 174ᵛ—183ᵛ

DE PRINCIPIO, edd. M. Feigl — H. Vaupel — P. Wilpert, Padua 1960

ÜBER DEN URSPRUNG (DE PRINCIPIO), übers. von M. Feigl, Heidelberg 1949

DE QUAERENDO DEUM, Opera omnia h IV, ed. P. Wilpert, Hamburg 1959

DE VENATIONE SAPIENTIAE — DIE JAGD NACH WEISHEIT, Schriften des Nikolaus von Kues in deutscher Übersetzung, H. 14, ed. P. Wilpert, Hamburg 1964

DIRECTIO SPECULANTIS SEU DE NON ALIUD, Opera omnia h XIII, edd. L. Baur — P. Wilpert, Leipzig 1944

IDIOTA DE MENTE, Opera omnia h V, ed. L. Baur, Leipzig 1937

IDIOTA DE STATICIS EXPERIMENTIS, Opera omnia h V, ed. L. Baur, Leipzig 1937
DER LAIE ÜBER VERSUCHE MIT DER WAAGE (IDIOTA DE STATICIS EXPERIMENTIS), übers. von H. Menzel-Rogner, 2. Aufl. Leipzig 1944

SERMONES, Opera p II, Paris 1514, fol. 7^r—190^r
PREDIGTEN 1430—1441, dt. von J. Sikora — E. Bohnenstädt; Schriften des Nikolaus von Cues in deutscher Übersetzung, Heidelberg 1952. (Die Predigten werden gezählt nach J. Koch, Untersuchungen über Datierung, Form, Sprache und Quellen. Kritisches Verzeichnis sämtlicher Predigten. CT I 7, Heidelberg 1942.)

CUSANUS-TEXTE IV. BRIEFWECHSEL DES NIKOLAUS VON CUES, Erste Sammlung, hrsg. von J. Koch. Sitzungsberichte der Heidelberger Akademie der Wissenschaften, Philosophisch-historische Klasse, Jahrgang 1942/43, 2. Abhandlung, Heidelberg 1944

II. Vorcusanische Literatur

ADELARD VON BATH: De eodem et diverso; ed. H. Willner, BGPhMa IV 1, Münster 1903

ALBERTUS MAGNUS: Metaphysica; Alberti Magni opera omnia XVI 1,2; ed. B. Geyer, Münster 1960 u. 1964
In octo libros Politicorum; Alberti Magni opera omnia VIII, ed. A. Borgnet, Paris 1891
Summa de creaturis, Pars secunda (De homine); Alberti Magni opera omnia XXXV, ed. A. Borgnet, Paris 1896

ALEXANDER HALENSIS: Summa theologica; edd. PP. Collegii S. Bonaventurae, Ad Claras Aquas (Quaracchi) 1924—1948

ALPHARABI: De ortu scientiarum; ed. Cl. Baeumker, BGPhMa XIX 3; Münster 1916

ARISTOTELES: Opera ex rec. I. Bekkeri, Berlin 1831—1870; photomech. Nachdruck Berlin 1960—1961

Categoriae	De interpretatione
De anima	De memoria et reminiscentia
De arte poetica	De sensu et sensato

Physica   Politica
Metaphysik; übers. von H. Bonitz. Aus dem Nachlaß hrsg. von
    E. Wellmann, Berlin 1890
Nikomachische Ethik; übers. von F. Dirlmeier; Aristoteles,
    Werke in deutscher Übersetzung, hrsg. von E. Grumach,
    Bd. 6, Darmstadt 1956
AUGUSTINUS: Confessiones; ed. P. Knöll, CSEL XXXIII, Wien
    1896
    De doctrina christiana; ed. G. M. Green, CSEL LXXX, Wien
    1963
    De fide et symbolo; ed. J. Zycha, CSEL XXXXI, Wien 1900
    De Genesi ad litteram; ed. J. Zycha, CSEL XXVIII 1, Wien
    1894
    De Genesi contra Manichaeos; PL 34
    De musica; PL 32
    De trinitate; CCSL L und LA, ed. W. J. Mountain, Turnhout
    1968
    Ennarrationes in Psalmos; edd. E. Dekkers — J. Fraipont,
    CCSL XXXVIII—XL, Turnhout 1956
    Sermones; PL 38—39
AVICENNA: Opera philosophica; Venedig 1508; photomech. Nach-
    druck Louvain 1961
    De anima
    Metaphysica
BOETHIUS: De institutione arithmetica; ed. G. Friedlein, Leipzig
    1867; photomech. Nachdruck Frankfurt 1966
    De musica; a.a.O.
BONAVENTURA: Opera omnia I—X; edd. PP. Collegii S. Bonaven-
    turae, Ad Claras Aquas (Quaracchi) 1882—1902
    De reductione artium ad theologiam; Opera omnia V, 1891
    Itinerarium mentis in deum; Opera omnia V, 1891
CICERO: Tusculanae disputationes; rec. M. Pohlenz (1918), Stutt-
    gart 1965
CLARENBALDUS VON ARRAS: Tractatus super librum Boethii De
    trinitate; LaW, S. 63—186
DOMINICUS GUNDISSALINUS: De divisione philosophiae; ed. L. Baur,
    BGPhMa IV 2,3, Münster 1903
DURANDUS DE ST. PORCIANO: In Petri Lombardi Sententias Theo-
    logicas Commentariorum libri IIII; 2 Bde, Venedig 1571;
    photomech. Nachdruck Ridgewood/New Jersey 1964
ECKHART: Collatio in libros Sententiarum; ed. J. Koch; LW V,
    Stuttgart 1936
    Expositio libri Exodi; ed. K. Weiß, LW II, Stuttgart 1954—1957
    Expositio libri Genesis; ed. K. Weiß, LW I, Stuttgart 1964
    Expositio sancti evangelii secundum Iohannem; hrsg. u. übers.
    v. K. Christ und J. Koch, LW III, Stuttgart 1936 ff.
    Quaestiones Parisienses; ed. J. Koch, LW V (noch nicht erschie-
    nen)

Sermones; edd. E. Benz, B. Decker und J. Koch, LW IV, Stuttgart 1956

Predigten; ed. J. Quint, DW I, Stuttgart 1936—1951

Meister Eckhart, Predigten, Traktate; hrsg. von F. Pfeiffer, Leipzig 1857; Neudruck Aalen 1962

HIERONYMUS: Liber interpretationis Hebraicorum nominum; ed. P. de Lagarde, CCSL LXXII, Turnhout 1959, S. 57—161

HONORIUS AUGUSTODUNENSIS: De cognitione verae vitae; PL 40

HUGO VON ST. VICTOR: Eruditio didascalica; PL 176

ISIDOR VON SPANIEN: Etymologiarum sive originum libri XX; rec. W. M. Lindsay, 2 Bde, Oxford 1911

JOHANNES DUNS SCOTUS: Tractatus de primo principio; ed. M. Müller, Freiburg 1941

JOHANNES GERSON: De duplici logica; Jean Gerson, Oeuvres complètes, ed. P. Glorieux, Bd. 3, Paris 1958

JOHANNES VON SALISBURY: De septem septenis; PL 199

JOHANNES SCOTTUS ERIUGENA: De divisione naturae; PL 122

Periphyseon (De divisione naturae). Liber I; ed. I. P. Sheldon-Williams, Scriptores Latini Hiberniae Vol. VII, Dublin 1968

LIBER DE CAUSIS: ed. A. Pattin; Tijdschrift voor Filosofie 28,1 (1966) S. 90—203; Separatausgabe Louvain 1966

MACROBIUS: Commentarii in somnium Scipionis; ed. J. Willis, Leipzig 1963

MARTIANUS CAPELLA: De nuptiis Philologiae et Mercurii; ed. A. Dick, Stuttgart 1969

PLATO: Opera; rec. I. Burnet, Oxford 1900—1907; Reprint 1950—1952

Philebos; Bd. 2

Politeia; Bd. 4

Timaios; Bd. 4

PLOTIN: Enneades; Opera, edd. P. Henry, H. R. Schwyzer, Paris-Brüssel 1951

Plotins Schriften; ed. R. Harder, fortgeführt von R. Beutler und W. Theiler, Philos. Bibl. 211—215, Hamburg 1954—1967

PORPHYRIUS: Isagoge et in Aristotelis Categorias commentarium; ed. A. Busse, Berlin 1887

PRISCIANUS: Institutiones grammaticae; ed. M. Hertz; Grammatici Latini, hrsg. v. H. Keil, Bd. 2, Leipzig 1855; photom. Nachdruck Hildesheim 1961

PSEUDO-BEDA: De mundi coelestis terrestrisque constitutione liber; PL 90

PSEUDO-DIONYSIUS: De divinis nominibus; PG 3; Dionysiaca, Bd. 1, Bruges, Paris 1937

RAYMUNDUS LULLUS: Opera in codicibus Cusanis 81—88

ROBERTUS GROSSETESTE: De veritate; ed. L. Baur, BGPhMa IX, Münster 1912, 130—143

SENECA: Quaestiones naturales; ed. P. Oltramare, Paris 1930

THIERRY VON CHARTRES: Commentum super Boethium De Trinitate (Librum hunc); ed. N. M. Haring, AHDLMA XXXV (1960) 80—134

Glossa super librum Boethii De Trinitate (Anonymus Berolinensis); ed. N. M. Haring, AHDLMA XXXI (1956) 266—325

Lectiones in Boethii librum De Trinitate (Quae sit auctoris intentio); ed. N. M. Haring, AHDLMA XXXIII (1958) 124—226

Tractatus (De septem diebus); ed. N. M. Haring, AHDLMA XXX (1955) 184—200

THOMAS VON AQUIN: Commentarium in Aristotelis librum De anima; ed. M. Pirotta, 3. Aufl. Turin 1948

Commentum in Peri hermeneias; Leonina I, Rom 1882

De potentia; Quaestiones disputatae, Bd. 2 edd. R. Spiazzi, P. Bazzi, M. Calcaterra, T. S. Centi, E. Odetto, P. M. Pession, 8. Aufl. Turin, Rom 1949

De regimine principum ad regem Cypri; ed. J. Mathis, Turin 1948

Expositio super librum Boethii De trinitate; rec. B. Decker, Leiden 1955

Scriptura super libros Sententiarum; edd. R. P. Mandonnet, F. M. Moos, Paris 1929, 1947

Summa contra gentiles; Leonina XIII—XV, Rom 1918—1930

Summa theologiae; Leonina IV—XII, Rom 1888—1906

VERGIL: Georgica; ed. W. Janell, Leipzig 1930

WITELO: De perspectiva; ed. Cl. Baeumker, BGPhMa III 2, Münster 1908, 127—179

III. Zitierte Forschungsliteratur

BONITZ, H., Index Aristotelicus; Aristotelis opera ex rec. I. Bekkeri, Berlin 1831—1870; Bd. V, Berlin 1870; photomech. Nachdruck Berlin 1961

BORMANN, K., Zur Frage nach der Seinserkenntnis in dem wahrscheinlich letzten philosophisch-theologischen Werk des Nikolaus von Kues, dem „Compendium", Archiv für Geschichte der Philosophie 50 (1968) 181—188

BREDOW, G. VON, Der Gedanke der singularitas in der Altersphilosophie des Nikolaus von Kues, MFCG 4 (1964) 375—383

Der Sinn der Formel „meliori modo quo", MFCG 6 (1967) 21—26

DURAND, D. B., The Vienna—Klosterneuburg Map. Corpus of the Fifteenth Century, Leiden 1952

FABRICIUS, J. A., Bibliotheca Latina mediae et infimae aetatis, Florenz 1858; photomech. Nachdruck Graz 1962

Haubst, R., Die Bedeutung des Trinitätsgedankens bei Nikolaus von Kues, Trierer Theologische Zeitschrift 61 (1952) n. 1, 21—29

Das Bild des Einen und Dreieinen Gottes in der Welt nach Nikolaus von Kues, Trierer Theologische Studien Bd. 4, Trier 1952

Die Christologie des Nikolaus von Kues, Freiburg 1956

Hoffmann, E., Das Universum des Nikolaus von Cues, CST I: S. 41—45 Textbeilage. Von R. Klibansky; Sitzungsberichte der Heidelberger Akademie der Wissenschaften, Phil.-Hist. Kl., Jg. 1929/30, 3. Abh., Heidelberg 1930

Koch, J., Die Ars coniecturalis des Nikolaus von Kues, Arbeitsgemeinschaft für Forschung des Landes Nordrhein-Westfalen, Heft 16, Köln-Opladen 1956

Von der Bildung der Antike zur Wissenschaft des Mittelalters, Die Höhere Schule 5 (1962) 98 f.

Über die Lichtsymbolik im Bereich der Philosophie und der Mystik des Mittelalters, Studium Generale Jg. 13, H. 11 (1960) 653—670

König, E., Konrad Peutinger und die sogenannte Karte des Nikolaus von Cues, Festschrift der Görresgesellschaft für G. von Hertling 1913, S. 337—341

Metelka, J., O Mapě Kard. Mikuláse Cusy z Prostredka XV. Století, Sitzungsberichte der Böhmischen Gesellschaft der Wissenschaften, Phil.-hist. Klasse, Jg. 1895 Heft 3, Praze 1895

Muckle, J. T., Isaac Israeli's Definition of Truth, AHDLMA 8 (1933) 5—8

Platzeck, E.-W., Studia et Editiones Cusanae, Antonianum 42 (1967) 293—304

Ruge, S., Ein Jubiläum der deutschen Kartographie, Globus 60 (1891) 4—8

Scharpff, Fr. A., Der Cardinal und Bischof Nicolaus von Cusa als Reformator in Kirche, Reich und Philosophie des 15. Jahrhunderts, Tübingen 1871; unveränderter Nachdruck Frankfurt 1966

Uebinger, J., Die Gotteslehre des Nikolaus Cusanus, Münster, Paderborn 1888

Die philosophischen Schriften des Nikolaus Cusanus, Zeitschrift für Philosophie und philosophische Kritik N. F. 103/105/107 (1894—1895)

Wilpert, P., Das Problem der coincidentia oppositorum in der Philosophie des Nikolaus von Cues; Humanismus, Mystik und Kunst in der Welt des Mittelalters, hrsg. von J. Koch, (Studien und Texte zur Geistesgeschichte des Mittelalters 3 [1953] 39—55)

VON NIKOLAUS ZITIERTE NAMEN
(Die Zählung bezieht sich auf die Paragraphen und Zeilen des
lateinischen Textes)

Adam *6*, 12. 14. 17
Christus *45*, 3
Compendium *1*, 3; *44*, 3
De ludo globi *37*, 12
Musae *21*, 9
Philippus (apostolus) *45*, 2
Plato *11*, 19

REGISTER DER BIBELZITATE
(Die Zahlen hinter den Bibelstellen beziehen sich auf die Anmerkungen, und zwar die Zahl hinter dem Komma auf die Anmerkung und die Zahl vor dem Komma auf das entsprechende
Kapitel, zu dem die Anmerkung gehört)

AT: Genesis 2, 19—20: *3*, 4; 11, 1: *3*, 3
    Ps. 4, 7: *10*, 27
    Ps. 32 (33), 6: *7*, 6
    Sapientia 8, 7: *6*, 5

NT: Actus apostolorum 2, 4—11: *3*, 5
    Johannes 1, 1 ff.: *7*, 5; 1, 3: *7*, 7; 1, 5: *8*, 11; 14, 8:
    Epilog 2
    I Korinther 13, 13: *2*, 6
    Lukas 6, 31: *10*, 29
    Matthäus 7, 12: *10*, 29
    Römer 1, 20: *8*, 5
    I Timotheus 6, 16: *1*, 12; *8*, 8

REGISTER
DER ZITIERTEN HANDSCHRIFTEN
(Aus Einleitung und Anmerkungen)

Eisleben, Turmbibliothek, Cod. 960: Einleitung
Kues, Bibliothek des Hospitals, Codd. Cus. 81—88: Einleitung;
                                Anm. 7, 4
                                Cod. Cus. 178: Einleitung
                                Cod. Cus. 211: Anm. *13*, 16
                                Cod. Cus. 219: Einleitung
Magdeburg, Domgymnasium, Cod. 166: Einleitung

REGISTER DER VERWEISE
AUF DIE WERKE DES NIKOLAUS

(Die Zahlen beziehen sich auf die nach Kapiteln geordneten Anmerkungen des Quellenapparates)

REGISTER DER IM QUELLENAPPARAT ZITIERTEN AUTOREN

(Die Nummern beziehen sich auf die Anmerkungen zu den einzelnen Kapiteln)

VERZEICHNIS WICHTIGER BEGRIFFE

Die Zählung bezieht sich auf den lateinischen Text. Die Zahlen vor dem Komma bezeichnen die am Rande des Textes angegebenen Paragraphen, die Zahlen hinter dem Komma deren Zeilen. Bei der Zeilenzählung sind die Kapitelüberschriften mitgezählt. Die beigegebenen deutschen Bedeutungen wurden auf die Wiedergabe der wichtigsten Grundbedeutungen beschränkt. Inhaltsverwandte Begriffe sind oft gruppenweise zusammengefaßt.

ars Kunst 4,9; 5,12; 6,19; 7,1.10f.13.15.17.19; 14,8; 17,12; 18,2.5.
   9.15; 19,4.15; 24,14; 25,12.14; 26,4.6.8f.; 27,3.8f.12.14f.; 28,2.6
— *communis* allgemeine Kunst 27,2f.
— *dicendi* Sprechkunst, Kunst des Sprechens 6,7.9.19; 25,14
— *generalis* allgemeine Kunst 19,12
— *memorandi* Gedächtniskunst 18,9
— *naturalior faciliorque* die so naturgemäße und so leichte
   Kunst 6,19
— *naturam imitans* die Natur nachahmende Kunst 27,15
— *perspectiva* Kunst der Perspektive 18,5
— *prima* erste Kunst 6,9; 7,11.13
— — *humana dicendi* erste menschliche Sprechkunst 6,9
— *rhetorica* Redekunst 26,5
— *scribendi* Kunst des Schreibens 7,1.19
— *secunda* zweite Kunst 7,11
   una ars scribendi die eine Schreibkunst 14,8
   artes liberales die freien Künste 4,9; 18,1f.
— *mechanicae* die handwerklichen Künste 4,9; 18,1f.
auditus Hören, Gehör, Gehörsinn 3,15; 5,4; 7,13; 17,7; 19,36.42;
   22,7.18; 32,13

causa Ursache, Grund, Wesensgrund 23,7; 24,18; 27,13; 45,13;
   47,6f.
— *causarum* Grund der Gründe 47,6
— *finalis* Zweckgrund 47,6f.
— *propter quid* Wesensgrund 27,13
   causae rerum Gründe der Dinge 47,7
certitudo Gewißheit 43,10
chaos Chaos 19,48
Christus 45,3
cognitio Erkenntnis 2,2f.12.15; 3,6; 4,7.11.14; 13,11; 16,3; 20,14;
   32,3.5; 33,13
— *imaginativa* vorstellende Erkenntnis 32,3
— *intellectiva* vernunfthafte Erkenntnis 32,4
— *sensitiva* sinnliche Erkenntnis 32,3
— *signorum visibilium* Erkenntnis sichtbarer Zeichen 16,3
cognitivus (-a, -um) erkennend 32,1.6.8; 40,7
cognoscere (-i) erkennen, erkannt werden 2,7-9; 3,9f.12; 4,2;
   12,2.11; 13,7.14; 14,13f.; 15,3; 21,2; 29,17f.; 32,5; 34,2; 35,18;
   40,6; 41,7
cognoscibilis erkennbar 1,9; 11,18
   cognoscibile per se durch sich erkennbar 11,18
— *per accidens* durch ein Zufallendes erkennbar 11,18f.
combinatio Zusammenstellung, Kombination, Zusammenstellen
   18,13; 19,4; 25,7.13
compendium Kompendium, Abriß 1,1.3; 44,3
complicare einfalten 28,9; 29,19; 30,13

quod tibi vis fieri, alteri fac   was du willst, das man dir tu, das tu auch dem anderen 34,2f.
finis   Ziel 21,9.12; 24,18; 35,8
forma   Form 10,13; 14,2.5; 19,46; 20,3; 24,6.12; 31,5; 35,4
— *dissimilitudinis et inaequalis*   Form der Unähnlichkeit und des Ungleichen 31,5
— *essendi*   Form des Seins 24,6; 33,8
— *essendi et cognoscendi omnium rerum*   Seins- und Erkenntnisform aller Dinge 33,8
— *formans*   formende Form 14,2; 35,5
— *informans*   einformende Form 14,2f.; 35,4
— *intelligibilis*   geistig erkennbare Form 19,46
— *sensibilis*   sinnenfällige Form 19,46
— *simplex rei, quae dat esse*   die einfache Form eines Dinges, die das Sein verleiht 10,13
formalis   formhaft 9,12; 10,12; 23,20
    magis formalis   mehr formhaft 9,12
    penitus formalis   gänzlich formhaft 10,12
formare   formen 14,2; 15,1.4; 19,16.22f.47; 20,8.10; 35,5f.12; 42,4
formatio   das Formen 19,22
formator   Formgeber, Former 20,4.8.10; 21,1

gustus   Schmecken, Geschmackssinn 3,16; 8,13; 18,6; 19,37f.; 22,9

habitudo   Verhältnis 23,9; 27,4
habitus   Anlage 8,4
homo   Mensch 1,5; 4,8.11f.; 6,12-14.19f.; 7,12; 10,11; 16,15.22; 17,1.6.15; 18,2f.11.18f.; 19,2; 20,6.8; 22,3.16; 24,13; 25,13; 26,1; 34,1; 42,2.6
— *cosmographus*   Kosmograph 22,3
— *doctus*   belehrter Mensch 18,11.19
— *indoctus*   unbelehrter Mensch 18,11.19
— *perfectus*   vollkommener Mensch 6,20
— *ut homo*   der Mensch als Mensch 18,11
humanus (-a, -um)   menschlich 6,11; 7,2; 33,10.12
hyle   Hyle 19,47; 20,2

illuminare   erleuchten 42,5
illuminatio   Erleuchtung 43,1
imaginabilis   vorstellbar 33,2
imaginari   sich vorstellen 9,7; 10,3.8
imaginatio   Vorstellungskraft, Vorstellung 1,10; 9,10f.; 10,1.7; 12,1; 16,13; 33,1; 38,7
— *coloris*   Farbvorstellung 10,1
— *seu phantastica*   Vorstellungskraft oder Phantasie 9,11
imaginativus (-a, -um)   vorstellend 32,4
imago   Bild, Abbild 23,11; 34,8; 35,3; 40.10
imitari   nachahmen 26,5; 27,9.15

mens formator verbi   der Geist, der das Wort formt 20,10
— *humana*   menschlicher Geist 33,10.12
— *sana*   gesunder Geist 1,5
minus plusque capere   ein Mehr und Weniger zulassen 38,3
modus   Weise, Fähigkeit 1,8f.12f.15; 2,5.15; 3,3f.13; 14,6f.; 19,31;
     24,4; 25,15; 37,8; 39,6.13
— *cognoscendi*   Erkenntnisweise, Weise des Erkennens 1,12;
     3,3
— *comprehensibilis*   faßbare Weise 24,4f.
— *contrarius*   nach der Weise des Gegensatzes 25,15
— *essendi*   Seinsweise, Weise des Seins 1,9.13.15; 2,5.15; 3,4;
     14,6; 24,4
— *incomprehensibilis essendi*   unfaßbare Weise des Seins 24,3f.
   meliori modo quo fieri potest   auf möglichst vollkommene
     Weise 3,5
motus   Bewegung 17,5; 19,6-8; 27,10f.
— *naturae*   Bewegung der Natur 19,8
— *naturalis*   natürliche Bewegung 19,7
— *violentus*   gewaltsame Bewegung 19,7-9
— *vitalis*   lebendige Bewegung 27,10
   sine motu nihil fieri   ohne Bewegung geschieht nichts 19,7
movere (-i)   bewegen, sich in Bewegung befinden 3,13; 10,4;
     37,12; 40,8
multitudo   Vielheit 12,11; 14,12-14.16
— *determinata*   bestimmte Vielheit 14,13
— *indeterminata*   unbestimmte Vielheit 14,12
Musae   Musen 21,9
mutatio   Veränderung 46,13

natura   Natur 4,12; 6,3; 7,7.10f.16; 8,14; 16,11.16f.; 19,8; 20,2f.
     5.7; 25,8f.13; 26,5.7.9; 27,1.8-10.13.15; 29,7; 35,8.11; 39,17
— *aeris*   Natur der Luft 20,5.7
   rationalis —   vernunfthafte Natur 16,17
   quod eiusdem naturae   was von derselben Natur ist 29,7
naturalis   natürlich, naturgemäß 6,19; 13,2; 14,1; 19,7
   naturalia   Naturdinge 19,6
   naturaliter   von Natur aus, naturgemäß 5,1f.5; 7,14; 8,9; 32,5.8;
     33,11; 34,1; 35,10; 45,19
nota   Merkmal, Kennzeichen, Ton, Einzelton 11,12; 15,3; 17,8;
     21,11; 27,4f.
   notae concordantes   wohlklingende Töne 27,5
— *distinctae*   unterschiedliche Kennzeichen 15,3
notare   aufzeichnen, kennzeichnen 13,7; 22,11; 23,6
notitia   Kenntnis, Erkenntnis 3,2.7; 4,8; 5,13f.; 8,16f.23; 10,10;
     12,9; 15,2.4f.10; 19,41; 29,2
— *diversitatis rerum*   Kenntnis der Verschiedenheit der Dinge
     15,10

— *opportuna* nützliche Kenntnis 10,10f.
— *principii* Ursprungserkenntnis 29,2
— *sensitiva* Kenntnis der Sinne 19,41
numerus Zahl 14,9.15; 15,7; 16,8; 17,5; 38,1; 46,3.5.7-10
— *determinatus* bestimmte Zahl 14,9.15
— *sensuum* Zahl der Sinne 16,8
— *specierum et signorum* Zahl der Erkenntnisbilder und
    Zeichen 16,8f.
  magnus determinatus — große bestimmte Zahl 14,15
  magnus aut parvus, par aut impar — große oder kleine,
    gleiche oder ungleiche Zahl 46,10
  parvus — kleine Zahl 14,15

obiectum Gegenstand 5,3; 8,2.19-22; 32,1.3.5.7; 35,5.10.13.15f.18;
    36,2.4; 39,9.17; 41,5f.; 45,2.6; 46,3.12; 47,1.3
— *in signo sensibili* Gegenstand im sinnenfälligen Zeichen
    47,3f.
— *sensibile* sinnenfälliger Gegenstand 8,19; 39,17
— *visus mentis* Gegenstand der geistigen Schau 46,3.12; 47,3
— *visus sensus* Gegenstand des sinnlichen Sehens 47,1
  unum obiectum visus mentis et visus sensus der eine Gegen-
    stand des geistigen und des sinnlichen Sehens 45,6
odoratus Riechen, Geruchssinn 3,16; 8,12; 19,37; 22,8
ostendere offenbaren, zeigen 21,3.5; 31,2; 32,2; 45,4
  se ostendere sich zeigen, sich offenbaren 24,13; 30,3; 31,2
ostensio Offenbarung 20,11.13.15; 21,4.11; 44,5
— *geniti verbi* Offenbarung des gezeugten Wortes 21,4f.
— *interni verbi* Offenbarung des inneren Wortes 21,11
— *mentis* Offenbarung des Geistes 20,11-13
  unius mentis varia — mannigfache Offenbarung des einen
    Geistes 20,12f.
— *verbi* Offenbarung des Wortes 20,15

pater Vater 2,10f.; 45,4f.
  patrem verbi ac aequalitatis posse supra nominamus den
    Vater des Wortes und der Gleichheit nennen wir oben (vgl.
    n. 19 und 21) das Können 45,5
perceptio Erfassen 8,9
percipere wahrnehmen, erfassen 4,6; 7,5; 8,12; 20,6
perfectio Vollendung, Vollkommenheit 4,3; 5,15; 6,3; 11,14; 43,1
— *signorum* Vollendung der Zeichen 11,14
perfectus (-a, -um) vollkommen, das Vollkommene 3,10f.; 6,20;
    9,13; 10,9; 11,10.16; 25.10
  minus perfectus weniger vollkommen 9,13
  perfecte (perfectior, -ius, -issimus) vollkommen (vollkomme-
    ner, vollkommenster) 6,2; 9,13; 11,16; 23,17
peritia Kenntnis 6,18
phantasma Vorstellungsbild 9,7
Philippus 45,2

Plato 11,19

posse können, möglich sein, vermögen, das Können 1,7; 2,8; 3,5.10; 4,14; 5,16; 6,6; 8,20.22; 9,4; 10,3.7; 11,10.16; 12,7f.; 13,2; 14,5.13; 16,18; 19,3.17f.33.42; 23,14; 24,4; 25,11f.; 28,7; 29,5f.8-19; 30,2-7.11.13; 32,1.3; 37,10.13; 38,9; 43,9; 44,3; 45,5.8; 47,6

— *ante esse et non esse* das Können vor dem Sein und Nichtsein 29,15

— *ante facere et fieri* das Können vor dem Machen und Werden 29,15

— *fieri* Werdenkönnen 19,48

— *praecedit facere et fieri* das Können geht dem Machen und Werden voraus 29,13

— *quo nihil potentius* das Können, im Vergleich zu dem es nichts Mächtigeres gibt 45,11f.; 46,12; vgl. 29,6: *posse dico, quo nihil potentius*

ipso posse nihil prius esse potest im Vergleich zum Können kann es nichts Früheres geben 29,8f.

ipsum posse das Können selbst 29,8.17.19; 30,1.4; 45,8; 47,5

ipsum posse esse das Können-Sein selbst 45,13f.

ipsum posse, quo nihil potentius das Können selbst, im Vergleich zu dem es nichts Mächtigeres gibt 45,8; 47,5

nullum ... omnium, quae hoc ipsum posse non sunt, sine ipso nec esse potest nec cognosci nichts ... von allem, das dieses Können selbst nicht ist, kann ohne es sein oder erkannt werden 29,16f.

omne posse esse Alles-Können-Sein 45,12

sine ipso posse posse ohne jenes Können können 46,16f.

possibilis möglich 15,12

possibilitas Möglichkeit 19,48

potentia Vermögen, Macht 8,4; 29,3; 30,4.8; 32,1.5f.8; 46,1

— *cognitiva* Erkenntnisvermögen 32,1.6.8; 40,9

— *qua nihil potentius* die Macht, im Vergleich zu der es nichts Mächtigeres gibt 46,1

supremum potentiae Höchstmaß an Macht 30,4

potentius mächtiger, Mächtigeres 29,3.6.10; 30,9; 45,8.12.17.19; 46,1f.11f.; 47,5

potentissimus (-a, -um) im höchsten Grade mächtig 30,3.12

praecisus (u. Komp. u. Superl.) genau, genauer, auf das genaueste 19,10.15; 28,7; 29,3

quanto praecisius potes so genau wie nur möglich 28,7

principium Prinzip, Ursprung 19,9; 20,3f.; 24,18; 29,2.8.11; 30,12; 31,7; 35,7; 36,6; 44,4

— *omnipotens* allmächtiger Ursprung 29,11

— *primum* erster Ursprung 39,2; 44,4

unicum principium potentissimum, aequalissimum et unissimum ein einziger Ursprung, der im höchsten Grade mächtig, gleich und eins ist 30,11f.

proportio Verhältnis 38,7

proportionabiliter mensuratus in den entsprechenden Größenverhältnissen 23,3

proportionabiliter magnus et parvus in bestimmten Verhältnissen groß und klein 27,6f.

qualificatus (-a, -um) qualitativ bestimmt 39,4

qualitas Beschaffenheit, Qualität 10,2; 12,4.6.8; 13,4.9; 33,2.5; 39,5

quantitas Quantität 12,3-7.9; 13,2.4-7.9f.13; 33,2.5
   generalis quantitas allgemeine Quantität 13,6f.10
   singularis quantitas einzelne Quantität 13,2.10.13

quantus (-a, -um) quantitativ 10,4; 12,8; 13,6
   singulariter quanta das einzelne Quantitative 13,6

ratio Verstand, Vernunft 16,22; 17,6; 27,2; 35,7
  — *artis naturam imitantis* das Wesen der die Natur nachahmenden Kunst 27,15

recipere empfangen, zulassen 11,15.17.19; 12,2; 14,3.10; 16,13; 31,8
  — *magis aut minus* ein Mehr oder Weniger zulassen 11,15.17. 19; 12,2; 14,3.10; 31,8

repraesentare darstellen 10,13

repraesentativum s. unter simile

res Ding, Sachverhalt 1,9.14; 2,12; 3,2.9f.; 5,1.5; 7,5; 8,3.5.15-17. 23; 9,2.4.11; 10,13f.; 11,11; 12,8.11; 13,8f.11; 15,2.4.9f.; 19,9; 25,9; 26,2f.8; 33,8f.; 45,10.13.17; 46,3; 47,1.7
  — *corporalis* körperliches Ding 8,3.5
  — *intellectualis* geistig erkennbares Ding 10,14f.
  — *quanta* quantitatives Ding 12,8
  — *sensibilis* sinnenfälliges Ding 10,14f.; 47,1
  — *singularis* Einzelding 13,9; 33,9f.
  res omnes, cum non sint nisi quod esse possunt da alle Dinge nur das sind, was sie sein können 45,10f.

sapor Schmeckbares, Geschmack, das im Schmecken Schmeckbare 8,13; 22,8

scibilia das Wißbare 19,12

scientia Wissen, Kenntnis 1,15; 4,9; 6,4f.8; 18,2; 19,29; 26,1
  moralis — sittliche Erkenntnis 4,9; 18,2
  prima — erste Erkenntnis, erste Wissenschaft 6,7; 7,4.9 *(die ars dicendi)*
  prima et magis necessaria ad bene essendum — erste und für das Wohlbefinden notwendigste Kenntnis 6,7
  secunda — zweite Wissenschaft 7,6 *(die ars scribendi)*

scire wissen 4,12; 19,29f.; 28,8; 43,3

scribere schreiben 7,1; 19,17.21

— *naturalia* natürliche Zeichen 5,5; 14,1
— *phantastica* Vorstellungszeichen 10,9; vgl. auch imaginatio
— *sensibilia* sinnenfällige Zeichen 7,13.20; 8,2; 9,8; 11,2;
    16,15f.; 23,18f.; 47,4
— *signorum* Zeichen der Zeichen 9,5; 10,10
— *visibilia vocabulorum* sichtbare Wortzeichen 7,6
similis ähnlich 23,13
    simile das Ähnliche 29,6.8; 31,6
    — *(dico), quod est principii sui repraesentativum* das Ähn-
        liche (nenne ich) das, was Darstellung seines Ursprunges ist
        29,8
similitudo Ähnlichkeit 1,14; 2,11; 14,17; 27,14; 31,7; 32,2.6f.9-11;
    33,3f.; 34,8; 35,3-5.10.12-18; 36,1f.4; 40,13; 41,4; 42,1
— *omnis est aequalitas species seu signum* jede Ähnlichkeit
    ist Erkenntnisbild oder Zeichen der Gleichheit 32,11
— *nuda* unverhüllte Ähnlichkeit 33,3
— *propinquior* nähere Ähnlichkeit 33,3
— *seu species* Ähnlichkeit oder Erkenntnisbild 32,10
— *varia* verschiedene Ähnlichkeit 33,8
singularis (-e) einzeln, einzigartig, Einzelnes 1,6; 13,2f.9f.13;
    14,1.11; 15,4; 31,9; 33,9f.
— *res* Einzelding 13,9; 33,9f.
singularitas Einzelsein, Einzigartigkeit 11,16; 31,10
sonus Laut, Ton, Klang 7,13; 8,10; 11,4.6; 17,7.9; 20,2.4.6; 22,7;
    25,4; 26,7-9; 32,13; 39,10
— *articulatus* artikulierter Laut 11,6
— *sensibilis* sinnenfälliger Ton 20,1f.
species Bild, Art, Erkenntnisbild 1,14; 4,1-3; 8,20; 13,2.5.11-13;
    14,1f.12.14-19; 15,1.3.9-11; 16,6.9.12.16f.20; 17,1.3.6f.9.11.16;
    18,17f.; 19,3.6.10-13.15f.30; 27,14; 29,2; 32,10-13; 33,1.3-6;
    36,2; 39,5.9-11.19; 40,1.4f.12.16; 42,3
— *artis* Erkenntnisbild der Kunst 19,15
— *coloris* Erkenntnisbild der Farbe 17,2f.; 32,12
— *concordantiae* Erkenntnisbild der Harmonie 14,18
— *discordantiae* Erkenntnisbild der Disharmonie 14,19
— *dissimilitudinis* Erkenntnisbild der Unähnlichkeit 14,17
— *multitudinis indeterminatae* Erkenntnisbild einer unbe-
    stimmten Vielheit 14,12
— *naturalis* natürliches (Erkenntnis)Bild 13,2f.; 18,17
— *notionalis* Erkenntnisbild 15,1.9f.
— *qualitatis* Erkenntnisbild der Qualität 33,1f.4f.
— *quantitatis* Erkenntnisbild der Quantität 33,1f.4f.
— *seu signum aequalitatis* Erkenntnisbild oder Zeichen der
    Gleichheit 32,11
— *similitudinis* Erkenntnisbild der Ähnlichkeit 14,16f.; 27,14
— *simplex et pura intelligibilis* einfaches, reines, vernunft-
    haftes Erkenntnisbild 33,5f.
— *soni* Erkenntnisbild des Tones 32,13

universalia Universalien 16,21
  quinque — die fünf Universalien 16,21
unum Eines, das Eine 1,6; 29,6f.; 45,15
— *(dico) ab ipsis procedens* das Eine (nenne ich) das, was aus ihnen (dem Können und dem Gleichen) hervorgeht 29,7

vapor das Riechbare 8,11
verbum Wort 11,4.8; 19,14.17.19-24.29.32; 20,8-12.14-16; 21,2f. 5f.8f.11; 28,3.5; 45,3.5
— *a mente genitum* das vom Geist gezeugte Wort 20,14
— *dei* Wort Gottes 45,3
— *genitum* das gezeugte Wort 21,2.5
— *increatum* das unerschaffene Wort 21,3
— *internum* das innere Wort 21,11
— *sensibile se et omnia sensibilia facit* das Wort macht sich sinnenfällig und alles andere ebenso 19,24
— *sine quo nihil factum est aut fieri potest* das Wort, ohne das nichts geworden ist noch werden kann 19,17f.
— *vocale* das stimmliche Wort 19,32; 20,8.15; 21,6.8f.
veritas Wahrheit 23,11; 34,19.21f.
verus (-a, -um) wahr 1,5; 22,22; 23,9; 34,15; 40,17
videre schauen, sehen, einsehen; (-i) geschaut werden, scheinen 1,16; 2,2.6; 5,7; 6,7f.; 11,20; 15,11; 18,4.12; 19,8.34; 23,13; 24,2.4; 30,10; 32,9.13; 33,7; 34,9.13; 35,2-4.13; 40,11.13; 41,7. 9f.; 46,6; 47,6
virtus Tugend, Kraft 4,10; 9,2; 17,17; 26,4; 30,8; 34,4; 39,18; 40,6; 43,7; 46,1.11
— *insensibilis* nicht sinnenfällige Tugend 17,16f.
— *maxime unita* im höchsten Grade geeinte Kraft 46,1
— *qua nihil potentius* die Kraft, im Vergleich zu der es nichts Mächtigeres gibt 46,11
— *unita* geeinte Kraft 30,8; 46,1
— *vivificativa* lebensspendende Kraft 40,9
  phantastica — Vorstellungskraft 9,4-6
  interior phantastica — innere Vorstellungskraft 9,1f.
  nihil enim est in phantastica, quod prius non fuit in sensu denn in der Vorstellungskraft findet sich nichts, was nicht vorher in der Sinneswahrnehmung war 9,5f.
virtutes theologicae göttliche Tugenden 4,10
— *quattuor cardinales* die vier Kardinaltugenden 16,21f.
vis Kraft 16,12; 17,11; 18,18; 23,15
— *creativa* schöpferische Kraft 23,15
— *intellectualis* Kraft der Vernunft 18,18
— *phantastica* Vorstellungskraft 16,12
— *ratiocinativa* Verstandeskraft 17,11
visibilis (-e) sehbar, sichtbar 2,4; 7,6; 11,20; 16.3; 19,25; 22,14; 24,15; 39,10; 43,5
visio Sehen, Anschauung 35,14; 41,7.9; 45,20

visus   Sehen, Gesichtssinn, Sehvermögen 2,7.9.14; 3,15; 5,4; 7,20;
   8,7.9; 9,9; 16,3; 17,1f.7; 18,5f.; 19,34; 22,7.13; 24,2; 32,10-12;
   45,6f.16f.; 46,4.12; 47,1.3.5.10
— *deficiens*   schwachwerdender Gesichtssinn 18,4f.
— *mentalis*   geistige Schau 2,1; 24,2
— *mentis*   geistiges Sehen, Schau des Geistes 2,5.13; 34,6.13;
   45,6f.16; 46,4.12; 47,3
— *sensibilis*   sinnliches Sehen 2,6; 34,5.10; 47,5
— *sensus*   sinnliches Sehen 2,14; 45,6f.
   acutioris —   schärfer zu sehen vermögen 47,10
vita   Leben 34,4; 38,5; 39,5.15
— *intellectualis*   vernunfthaftes Leben 34,4
— *sensitiva*   sinnenhaftes Leben 39,5
vivere   leben 3,11; 4,2; 39,5.9; 45,20
   vivus (-a, -um)   lebendig 33,11; 40,3.17
viventia   Lebewesen 16,5
vivificare   beleben 39,8.16; 40,4; 41,1
vivificativus (-a, -um)   belebend 40,7
vocabulum   Wort, Name 5,3; 6,15f.; 7,2.5f.; 9,2; 15,6.9; 26,2.4;
   28,5.7.9.11
   vocabula imponere   Namen geben 6,15
vocalis   stimmlich 19,32; 20,8.15; 21,6.8f.
vox   Stimme, Laut, Ausdruck 4,4; 5,8; 11,4.6f.; 14,18-20; 22,7;
   25,14
   voces concordantes   harmonierende Stimmen 14,18
— *discordantes*   disharmonierende Stimmen 14,18f.